看透财务报表是投资人的基本功

一本书看透财报中的买点与卖点

曹明成 谭文 ◎ 著

立信会计出版社
LIXIN ACCOUNTING PUBLISHING HOUSE

图书在版编目（CIP）数据

一本书看透财报中的买点与卖点/曹明成，谭文著.
——上海：立信会计出版社，2017.1
（擒住大牛）
ISBN 978-7-5429-5262-2

Ⅰ.①一… Ⅱ.①曹… ②谭… Ⅲ.①股票投资－基本知识 Ⅳ.①F830.91

中国版本图书馆CIP数据核字(2016)第260361号

策划编辑　蔡伟莉
责任编辑　蔡伟莉　李　卿
封面设计　久品轩

一本书看透财报中的买点与卖点
YIBENSHU KANTOU CAIBAOZHONGDE MAIDIAN YU MAIDIAN

出版发行	立信会计出版社
地　　址	上海市中山西路2230号　邮政编码　200235
电　　话	（021）64411389　传　真　（021）64411325
网　　址	www.lixinaph.com　电子邮箱　lxaph@sh163.net
网上书店	www.shlx.net　电　话　（021）64411071
经　　销	各地新华书店
印　　刷	天津嘉杰印务有限公司
开　　本	720毫米×1000毫米　1/16
印　　张	14　插　页　1
字　　数	196千字
版　　次	2017年1月第1版
印　　次	2017年11月第2次
书　　号	ISBN 978-7-5429-5262-2/F
定　　价	42.00元

如有印订差错，请与本社联系调换

序一　我为什么不讲价值投资[①]

《理财一周报》记者/林奇

"在中国的资本市场，我从来不讲价值投资。所谓的价值，不过是给庄家炒作的理由而已。我选股思路是跟庄，操作理论讲究趋势为先。"

——曹明成

私募大鳄曹明成是私募圈内的资深操盘手，曾在多家咨询公司及投资机构任职，直接参与过多次大资金的操盘。

在1999年的"5·19"行情中，曹明成因成功阻击网络科技股而一战成名。

在互联网行情中，曹明成亲身领教了亿安科技、海虹控股等庄家李彪、蔡明的狠辣操盘手法。

在股海中摸爬滚打十几年的老曹，博客名为"十年股灰"，在东方财富网的财经博客中排名第十四位。

从湘财证券的一名普通经纪人，到操盘手、主操盘手，再到私募基金经理，经过十几多年的实战，曹明成总结出"曹氏八线"，并著有《吃定庄家》《擒庄实战技法》《庄家内幕揭秘》《K线实战技术精要》和《庄股经典出货模式》等书。

"11月还有两本书出版，今年可能还有两本书稿，有出版社约稿了，但还没写完。"曹明成如是介绍。

10月26日，曹明成接受《理财一周报》专访，揭露了许多不为人知的坐庄、跟庄内幕。

[①] 参见2009年11月7日，《东方早报理财一周》对曹明成先生的人物专访，刊登在"资本大亨"版面。原文标题为："私募大鳄曹明成：坐庄岁月里的那些往事"。

阻击网络股一战成名

《理财一周报》：像许多私募基金经理一样，您也是从经纪人做起的？

曹明成：差不多，早年和李华（第二代操盘手）是一批。最早是在湘财证券。离开湘财证券后，跟老板做操盘手，后来干脆出来单干了。

《理财一周报》：是不是因为做操盘手待遇都不太高？

曹明成：操盘手要看是什么样级别的，资深的主操盘手负责决策，与老板有分成，待遇还可以。

《理财一周报》：做操盘手当时都经历过哪些比较大的战役？

曹明成：最早是阻击网络科技股的那一年了，阻击网络科技股不是自己坐庄，是跟庄。当时发现有大批私募资金成堆地扎入了网络科技概念类的股票，不少同类题材的股票都在底部放量，大资金入驻明显，所以我就开始关注这个题材。

《理财一周报》：发现此类股票后是直接跟进吗？还是后来跟进的？

曹明成：先是试探性跟进。后来科技概念股开始成为当时的热点。与以往的概念炒作不同，这次很意外的是：炒作之后，入驻的庄家资金不见撤退，这在以往的概念炒作中是很少见的。当时经过考虑之后，就把所有的资金全线投入该类题材股。

《理财一周报》：这样追题材股会不会很冒险？

曹明成：这是很大胆的做法，在当时遭到其他辅助操盘手的非议。因为这样做风险大，概念股炒作成热点后，一般都开始进入高位，这个时候介入，弄不好就成了庄家出货的牺牲品。

《理财一周报》：那为什么还决定满仓追进，当时是怎么考虑的？

曹明成：当时是依据庄家的操盘手法判断的。大量的庄家资金入注了该类题材股，而在第一轮炒作之后，还在高位加仓。显而易见，目标不在短期。

《理财一周报》：当时网络股您跟的是哪只？

曹明成：做了很多只，蔡明的海虹控股就是其中的一只。

《理财一周报》：这波物联网炒作，海虹控股也是龙头，您觉得这波物联网会不会像当初的互联网一样爆炒起来？

曹明成：这波物联网入驻的庄家资金还远远不够，暂时没有那种可能。但庄家的炒作计划可能会因为行情的变化而变化。就像当年的网络科技股，并不是开始大家都看好，后来"5·19"井喷，人气被完全带动，大量的私募资金进入了。因此，就出现了炒作一波后，新资金大量入驻的情况，并造就了一轮2年的行情。

亲身领教李彪跌停板洗盘法

《理财一周报》：当时最有名的应该是罗成操控下的亿安科技，您跟的是这只吗？

曹明成：网络科技股的行情从1999年5月开始，直到2001年，经历了一年多时间，这轮题材的炒作，只要与网络科技挂边的都被炒作起来了。其中的龙头包括亿安科技、海虹控股、四川湖山都被炒作到了非理性的高度。亿安科技是第一个百元股，是罗成坐庄，操盘主要是郑伟和李彪负责。海虹控股是蔡明坐庄。去年李彪去世的时候我知道消息的。

《理财一周报》：李彪是什么样的人？

曹明成：李彪长得比较斯文，光头戴眼镜，但行事泼辣，脾气有些暴躁。郭庆、李彪、蔡明，这些都算是第一代操盘手，他们比我早一代，我那时候是小字辈。李彪操盘非常凶悍，他当时发明了跌停板洗盘法，鬼神莫测。

《理财一周报》：连续跌停，只要看盘操作无一幸免，当时亿安科技启动前就是连续3个跌停板。

曹明成：这种手法在当时很难判断。

《理财一周报》：为什么很多早年的庄家都不得善终？

曹明成：早年的操盘手生活都不太好，心理压力大，真正功成名就的极少。一部分人是被查了或逃亡了，另一部分人在后来的4年熊市（2001—2005年）中又赔进去了。

《理财一周报》：那4年熊市够惨的，2008年也很惨。

曹明成：2008年的大熊市也是套了很多的庄家。

《理财一周报》：当时为什么没有跟进亿安科技？

曹明成：亿安科技不敢跟。开始完全是逼空。强势股就是这样，一开始逼空，散户不跟进，继续逼空，开始震荡，散户眼红了，进去了，再拔高，出货了。亿安科技当年也是被逼上去的，前期的计划肯定没想要炒那么高。拉到40元的时候，没有人敢买了，怎么办？接着拉。亿安科技控盘最后达到90%以上。其实玩到那个时候已经算失败了，最后出货比较艰难。

《理财一周报》：有个庄家跟我讲过，说很多筹码是在跌破100元后卖给了抢反弹的人。

曹明成：平均没有那么高。我们那时候判断出货的平均价格应该在40元左右。60元左右制造假反弹，结果还是很少有人买。市场信心没有了，下跌趋势形成了。最大的抢反弹成交量在27元左右，平均出货价位在40~50元。

《理财一周报》：庄家要出货一般都要先跌很多吧？

曹明成：一般庄家拉到离谱的位置，出货的价位定在下跌一半的位置，通过做假反弹出货。

信奉自己的操盘理念

《理财一周报》：您信奉价值投资吗？

曹明成：在中国的资本市场，我从来不讲价值投资。所谓的价值，不过是给庄家炒作的理由而已。我选股思路是跟庄，操作理论讲究趋势为先。

《理财一周报》：看来您是趋势派。

曹明成：我自己有一套操盘理念，在趋势形成之后，形态明朗之后才操作。

但又不等同于右侧交易,我的买入点在次低点或次次低点,卖出位在次高点或次次高点。

《理财一周报》:那您的这些东西是跟谁学的呢,还是自己悟的?

曹明成:自己悟出来的。早年是受一位老股民的启发,一位比较执着的老股民,他完全依据10日线买卖,获利很稳定。

《理财一周报》:线上持股,线下持币?

曹明成:是的。简单地说,可以用这8个字来概括。

《理财一周报》:这方法最厉害,化繁为简了,但很多人不经过多年的实战永远不理解。可是单独只看一个10日线会不会有点片面?

曹明成:我当时研究这个10日线很长时间,但也发现很多弊端。首先,如果不判断趋势,依据10日线买卖会在平衡市里不知所措。其次,10日线经常被庄家作为洗盘的工具。实战中操作纪律最重要,比如下降通道就是线下持币,需要放弃所有的诱惑和机会。

《理财一周报》:您现在主要看些什么指标?

曹明成:都是一些我自己的指标,帮我写指标的有一个工作室,我提供我的思路,他们帮我完成。我有个学生叫谭文,他是这方面的高手。现在计算机信息技术太发达了,把传统技术分析与计算机分析相结合,真的是事半功倍。我们原来为了总结一个形态,自己画图,花大量的时间统计,再分析和总结,现在计算机可以在很短的时间内全部做完。

(原文中对当时行情的看法,作了删节。本期采访的电子版地址:http://www.licaiyizhou.com/content.jsp?category=00008&id=1074)

序二　我认识的"小曹"与"老曹"

李 华

　　近年来市场上的股票类书籍渐有泛滥之势，且良莠不齐，多有鱼目混珠之作，真正能指导投资者实战应用的作品可谓少之又少。然最近读曹明成先生主笔的实战系列丛书，感觉甚好。细读之下，书中不乏作者多年实战的经验心得与"不传之密"，实为"用心之作"，相信读者阅后当有所裨益。

　　我与曹明成先生相识已久。初识其人，还是1997年在湘财证券的营业部，当时因本人虚长几岁，故称他为"小曹"。其时的"小曹"瘦瘦小小，貌不惊人，书生气十足，亦没有什么名气。后常从有散户打听"曹明成"，发展到不断有大户托我的关系来约"曹先生"吃饭，这才让我刮目相看。到1999年的狙击网络科技股一战成名，早年的"小曹"已经成为当时湘楚一带赫赫有名的"老曹"。

　　几年后我们也相继开始了单干，都有了自己的事业，与曹明成先生联系渐少。偶闻他的消息也只是在报纸杂志上见他的跟庄理论的文章。这次接他的电话让我为丛书写序，颇感意外。在我的印象中，他身体并不太好，甚至可用"体弱多病"四个字来形容，又常沉溺于股票实战之中，写书这种耗时耗力之事，以他一人之力怎能办到？

　　见面后我才知道，原来他这几年收了一个得意门生——谭文。谈论间他得意之色溢于言表："已得我九成功力。"

　　小谭属于新时代的复合型人才，精通计算机编程，自行钻研了传统技术分析与计算机海量数据模拟测试相结合的分析方式，丛书的写作过程就曾大量使用计算机模拟测试的论证，纠正了许多人力所无法克服和发现的错误，使书中的理论更趋于完美，大有青出于蓝更胜于蓝之势！真是后生可畏！"曹氏八线理论"是

曹明成与谭文师徒二人多年实战理论研究的结晶，曾被股民朋友冠以"零风险操作理论"的美誉。该理论我个人觉得至少有两点值得推崇：一是最大限度地回避了风险；二是几乎不会错过任何一波有价值的行情。炒股不是纸上谈兵，能在实战中真正做到稳定获利的理论才是好理论。我了解曹明成先生的实力，更了解曹明成先生的为人。他不会忽悠人，他主笔的丛书更不会忽悠人！

鉴于此，我愿为此丛书作序，并向全国广大的股民朋友们推荐。

（作者原为湘财证券高层管理人员，现为广东某私募基金总裁）

前　言

财务报表作为会计信息的一种载体，是外界对公司进行观察分析的窗口。企业的各种财务报表，如资产负债表、利润表、现金流量表、所有者权益变动表等都包含了丰富的会计信息，是反映企业综合实力的一面镜子。

随着社会经济水平的日益发展，企业的交易和事项不断创新并日益复杂化，企业的管理者和投资者更需要通过财务报表来了解企业的内在情况。阅读和分析上市公司财务报表不仅有助于企业管理者以报表为参照，检验企业生产经营过程中的各个环节，加强企业的财务管理。同时，还有利于企业的投资者对公司的经营发展能力做出准确合理的判断，为自己的投资决策做出进一步的指导，以规避不必要的风险。

财务报表的时效性很强，企业一般会在保证质量的前提下，在规定的期限内编制完毕并报送报表，以满足报表使用者对财务信息的需求。但是，对于大多数的报表使用者来说，财务报表的编制与分析过程比较复杂，具有很强的专业性与理论性。财务报表覆盖了财务领域各个方面的知识，所以学习与应用起来都难度较大。为了解决这一问题，帮助读者快速提高编制与分析财务报表的能力，发挥财务报表的作用，我们本着"一看就懂"的理念，编写了这本《一本书看透财报中的买点与卖点》，旨在帮助读者朋友由浅入深地掌握财务报表的知识，并将其运用到实践之中。

在本书中，读者可以学习和掌握进行财务分析的方法，以期对自己将来的实践进行指导。全书包含以下内容：首先，从"财务报表——学习投资的首要工具"入手，为读者学习财务报表扫除障碍。接下来，本书分别从"资产负债表——企业的财务状况、利润表——企业经营业绩的体现、现金流量表——现金

的来龙去脉、权益变动表——财报的第四张表、财务报表附注——财报的必要补充"等方面对构成财务报表的主要内容进行讲解，以帮助读者掌握财务报表的主要内涵。最后，本书从"财务分析指标——分析财报的工具"这方面对财务指标进行了介绍，以提升读者对企业的偿债能力、营运能力、盈利能力、发展能力等相关方面进行分析评价的水平，以发掘公司的真实价值。

本书所讲述的内容按照由简单到复杂的顺序，层层深入地进行解析，以期读者逐步掌握财务报表及相关内容的真正含义。同时，本书努力将理论与实践相结合，使读者能直观了解财务分析的实践情形。

笔者在编写的过程中投入了大量的时间与精力，竭力使本书具备以下特点：难易适中，容易掌握；内容丰富，实战性强；图文并茂，条理清晰。希望读者朋友们可以轻松掌握财务报表的相关内容与知识。

本书在编写的过程中借鉴了许多专家、学者的观点和方法，参考了大量的文献和资料，同时也得到了读者朋友们的广泛支持。由于时间仓促，难免会有一些错误和纰漏。欢迎读者朋友们将宝贵的意见和建议反馈给笔者，以便笔者在以后的写作中借鉴使用，笔者的邮箱：caomingcheng@yeah.net，QQ：150610568。同时，我们也接收大资金的理财合作，欢迎来函交流。

感谢"曹明成股票研究室"的实战专家蔡双喜、周宏伟先生参与本书部分章节的编写、校稿和制图工作。感谢立信会计出版社的蔡伟莉、李卿编辑和出版人赵涛先生为本书的策划和出版工作付出的辛勤努力！

曹明成

2016年12月

目 录

第一章 财务报表——学习投资的首要工具 1

第一节 初识财务报告 3

第二节 财务报表全景图 9

第三节 财务报表的基础 16

第四节 财务报表分析方法 23

第二章 资产负债表——企业的财务状况 31

第一节 资产负债表的结构 33

第二节 资产类各项 39

第三节 负债类各项 44

第四节 所有者权益类各项 50

第三章 利润表——企业经营业绩的体现 57

第一节 利润表的结构 59
第二节 收入类各项 65
第三节 成本费用类各项 72
第四节 应交税费类各项 78
第五节 利润类各项 85

第四章 现金流量表——现金的来龙去脉 91

第一节 现金流量表的结构 93
第二节 经营活动产生的现金流量 98
第三节 投资活动产生的现金流量 104
第四节 筹资活动产生的现金流量 111

第五章 权益变动表——财报的第四张表 119

第一节 所有者权益变动表结构 121
第二节 所有者权益变动表填列 127

第六章 财务报表附注——财报的必要补充 133

第一节 附注的结构与内容 135
第二节 会计政策、估计变更和差错更正 140
第三节 或有事项与关联交易 146
第四节 资产负债表日后事项和财务情况说明书 152
第五节 财务报表附注案例 159

第七章 财务分析指标——分析财报的工具 167

- 第一节 财务分析指标 169
- 第二节 企业偿债能力分析 175
- 第三节 企业营运能力分析 181
- 第四节 企业盈利能力分析 188
- 第五节 企业发展能力分析 194
- 第六节 杜邦财报分析体系 200

第一章

财务报表——学习投资的首要工具

张生是一名普通的公司职员，经过几年的打拼，逐渐有了一点积蓄。一直在盘算着该如何使用这一笔小钱，才能使自己的口袋更鼓。2015年11月的一天，他在上班的途中看到一家商铺的门口人头攒动，由于好奇就凑了上去。走近之后才发现，原来这是一家证券营业部。这时，他脑中浮现起了这几日的新闻。

"习近平与马英九会面后这三只股票持续看好"

"11月7日下午，两岸领导人习近平、马英九在新加坡香格里拉大酒店会面，这是1949年以来两岸最高领导人的首次会面。国际主流媒体在瞩目两人会面的同时，也将目光投向了两岸关系的未来。自海峡两岸实现'三通'以来，以福建省为主导的海峡西岸经济区的建设力度持续加大。构建海峡西岸经济区的最终目标是与海峡东岸实现经济发展对接，从而形成了整体海峡经济区。受'习马会'带动，不仅A股走强，香港和台湾股市均出现集体大涨。"

"'双11'全揭秘，哪些股票会火一把"

"据统计，自2009年以来，每年从光棍节进场投资深证中小板指数至隔年1月底，期间上涨的概率高达67%；2012—2014年该时间段内，该指数每年录得9%以上的涨幅。"

"对呀！现在股票市场持续向好，何不把那点积蓄投到股市里呢！"张生心里默念道。于是决定哪天抽出时间到这家证券营业部转转，顺便详细了解一下股市投资的有关事情。

第一节　初识财务报告

这日，轮到张生调休，所以他一直睡到8点30分才爬起来。洗漱完毕之后盘算这休息日该怎么度过，此时，他又想起了那日在证券营业部看到的情形。

"反正今天也没什么要紧的事，天气也不错，要不去那家证券营业部转转吧！"

张生心里想到此事，便穿戴整齐，准备出门。

没过多久，张生便来到了那家证券营业部。看到营业部一楼的大门敞开，便走了进去。进去后发现一楼是办理开户业务的柜台，二楼是现场交易区，三楼则是贵宾室和办公区。

张生来到二楼之后便止住了脚步，在一台空闲的交易电脑前坐下。此时，正是交易时间，分时走势图中表示大盘走势的黄白两条曲线不停地上下穿梭着，而右侧盘口上的数字则在不停地变动着。他随机敲下了某只股票的代码，此时，大盘的分时图换成了这只个股的分时图。张生之前在办公室看到同事依据技术分析的方法来进行股票投资，不过他觉得想要降低投资风险的最好办法还是仔细分析公司的基本面。他找到键盘上的F10键按了下去，随即屏幕上显示出了这家公司的基本信息。

"年轻人，炒股没多久吧！"

张生回过头来，看到一位白须白发的老者站在他身后，正笑呵呵的眯着双眼望着他。只见老者上身穿一件白色大褂，手里拿着个檀木烟斗，里面的烟丝飘出几缕青烟，颇有几分仙风道骨的气质。

张生连忙站起身来，一脸狐疑地说道："老伯，您怎么知道我入市不久

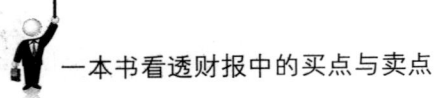一本书看透财报中的买点与卖点

呢？"

老伯望着张生，笑着说："年轻人，因为你直接看F10的数据，而不是先看这家公司的财务报表呀！"

此时，张生更是不解，心想，难道我看F10的数据有问题吗？

许是老伯看出了张生的疑虑，又慢慢地说道："看F10的数据并没有什么错，只是这F10的数据都是经过计算加工过的，若是没有一定的基础支撑会不知所云，进而也不会深刻的理解这些数字背后所隐藏的真正含义。"

张生转念一想，觉得老伯说的也有几分道理。心想今天本来就是来取经的，何不多和这位老伯聊聊。此时，他才发现刚才只顾着聊天竟忘了做介绍。想到此处时，张生身体微微前倾对老者说："老伯，我叫张生，是个普通职员。您贵姓呀？"

老者微微一笑，对张生说："免贵姓李，你就叫我李伯吧！"

张生这时散开脸上的疑虑，笑着对老者说："李伯，我前几日听说股市行情向好，所以今天过来转转，没想到有缘遇到了您。我本来就对股市一知半解，刚才听过您的那一番话之后，更觉得这股市是深不可测呀！不知道今天能否借这个机会向您讨教讨教。"

老者笑着说："老汉我已经退休在家，除了炒炒股、下下棋也无事可做，今天就和你聊聊这上市公司财务报表的事吧。"

张生连忙找了一张空闲的椅子让老者坐下，然后自己坐在旁边准备虚心求教。

"先给你举个例子吧！"老者说道。

"某家上市公司当年经营亏损1亿元。但由于特殊的原因，董事长需要公司在当年实现盈利。此时，该公司就可以在财务报表上动一些手脚。"

"首先，由于该公司在银行有贷款1.5亿元。公司便可和银行签一份合同，用账面价值3000万元的某大厦的部分房产作价1.5亿元归还银行的贷款。"

"其次，公司再和银行签一份买卖房产协议，作价1.5亿元买回抵押给银行的

全部房产，但房款先暂时欠着。"

"签过这两份合同之后，公司的财务数据就会发生变化。公司用账面价值3000万元的房产，归还银行1.5亿元的贷款之后，获得了1.2亿元的营业收入，然后再减去当年经营造成的亏损1亿元，如此公司当年就实现利润总额2000万元。"

"公司用1.5亿元买回的价值3000万元的房产，按照买入价入账，公司的资产项目里就增加了一栋账面价值为1.5亿元的房产。至于负债项目里，原本欠着银行1.5亿元的贷款，现在仍然欠银行1.5亿元。"

听到此处，张生心想：原来上市公司的财务报表有这么多的猫腻，若是外行一定没有办法看得清楚。

老者继续对张生说："财务报表的编制过程有很多的技巧，如果你不懂得研读财报，只依赖F10里的数据，可能就会稀里糊涂地踩中地雷。"

"那么，上市公司的财务报告从哪里可以看得到呢？"张生有些不解地问。

老者用鼠标点开一个网页说，"在网上都可以查得到。"

"一般情况下上海证券交易所、深圳证券交易所和巨潮资讯网的网站都可以免费下载上市公司的财务报告的。"老者慢慢地说。之后他又打开了这三个网站，对张生说："把这三个网站记住吧，以后肯定会经常用到的。"

张生赶忙拿出自己平时随身携带的便签本和中性笔，在上面写下这些网址：

上海证券交易所网址：http://www.sse.com.cn/；

深圳证券交易所网址：http://www.szse.cn/；

巨潮资讯网网址：http://www.cninfo.com.cn/。

"咱们国家要求上市公司按照公历自然年度划分经营年度，并按季度披露财报。所以上市公司的财务报告可以分为一季报、半年报（也称"中报"）、三季报、年报，分别向股东汇报对应期限的企业经营情况。"老者接着说。

"年报要求年度结束后4个月内披露；半年报要求在上半年结束后2个月内披露；第一季报、第三季报，要求在季度结束后1个月内披露。这些财报中年报要

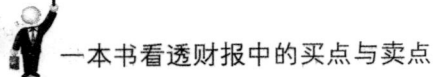

经过会计师事务所的审计，而且其准备的时间最充分，信息披露的也最详细。因此，年报的可信度最高，也是我们要重点研究的对象。"

张生心想，看来今天真的是不虚此行呀！

老者在搜索引擎中输入"巨潮资讯网"，然后回车找到官网，点击进入。紧接着，老者又在网站首页右上角的站内搜索框里输入"000002"，之后便出现了有关万科A的各种信息。随后，老者用鼠标点击了"定期报告"的菜单栏，又点击了标题为"万科A：2014年年度报告"的PDF文件链接，一份完整的上市公司的年度财务报告就出现在了张生的眼前。

"打开财务报告，首先要看的是'重要提示'，能放在报告首部的内容一般都很重要。"老者转过头来对张生说。

张生探身上前看到了这样的内容：

一、本公司董事会、监事会及董事、监事、高级管理人员保证本报告所载资料不存在任何虚假记载、误导性陈述或者重大遗漏，并对其内容的真实性、准确性和完整性承担个别及连带责任。

二、王石主席、乔世波副主席、郁亮董事、王文金董事、陈鹰董事、张利平独立董事、罗君美独立董事、海闻独立董事亲自出席本次董事会会议。孙建一董事因公务原因未能亲自出席本次会议，授权郁亮董事代为出席会议并行使表决权。魏斌董事因公务原因未能亲自出席本次会议，授权陈鹰董事代为出席会议并行使表决权。华生独立董事因公务原因未能亲自出席本次会议，授权张利平独立董事代为出席会议并行使表决权。

看过之后，张生有些不解地问老者："李伯，我们能从这两段内容中看出什么来呀？"

老者呵呵一笑说道："至少我们能知道万科是由哪些人当家的嘛！当然，董事、监事、高管们的详细信息在后面的'七、董事、监事、高级管理人员及员工情况'也会提到的。你接着往下看。"

张生定睛又看到了这样的内容：

三、公司2014年度分红派息预案：以分红派息股权登记日股份数为基数，每10股派送人民币5.0元（含税）现金股息。

四、董事会主席王石，董事、总裁郁亮，董事、执行副总裁、财务负责人王文金声明：保证年度报告中财务报告的真实、完整。

老者看到张生专注的神情微微一笑，然后对他说道："第三段内容是投资者比较关心的信息，是公司的分红派息情况。同时，高送转高派息的政策一般显示了公司的经营能力，也常常成为市场中投资者追捧的对象。"

张生回过神来心想，难怪每年到了4月左右，同事们都嚷嚷着什么年报行情，高送转行情等等，原来这个原因呀！

"有时候会计师事务所对上市公司年度报告的审计意见也会在'重要提示'中列出，虽然内容不多，但是却很重要。"老者接着说道："会计师事务所出具的审计意见一般有五种类型：①标准的无保留意见；②带强调事项段的无保留意见；③保留意见；④否定意见；⑤无法表示意见。如果注册会计师给出的审计意见不是'标准的无保留意见或带强调事项段的无保留意见'，这份财务报告我们就不要再读下去了，炒股首先还是要规避风险呀。"

张生听到这里心想，今天可算是学到东西了。

再往下，张生便看到了这份财务报告的目录：

一、致股东

二、公司简介

三、会计数据和财务指标摘要

四、董事会报告

五、重要事项

六、股本变动及股东情况

七、董事、监事、高级管理人员及员工情况

八、公司治理报告暨企业管治报告

九、监事会报告

十、内部控制情况

十一、财务报告

"若是想要真正的了解一家上市公司，'四、董事会报告；五、重要事项；十一、财务报告。'这三项是必看的内容。"

"那其他的项目是不是就不用看了？"张生试着问道。

老者微微一笑对张生说："这种想法是要不得的，财务报告作为一个整体，虽然有些部分的内容只是官样文章，但是在第一次看财报的时候还是要通读一遍的。"

"其次，我们要研究的是'六、股本变动及股东情况；七、董事、监事、高级管理人员及员工情况'"老者接着说。"从这两个栏目可以观察股东人数的变化和前十大股东的变动，还有董监高的详细履历。当然，最重要的还是财务报表啦！"

第二节　财务报表全景图

张生挠挠头，心里默念道："财务报表，好像我们公司的会计经常鼓捣那东西，密密麻麻的数字，要看懂貌似挺难的。"

老者似乎看出了张生的心中所想，放下手中的烟斗，轻轻地拍了拍张生的肩膀，对张生说："世上无难事，只怕有心人。只要下定恒心，按部就班，踏踏实实地去做学问，别人能学会的东西，你也一定能学会的。"

张生点点头，心想："也是这个道理。"

"李伯，那您赶紧教教我，阅读财务报表是怎么入门的吧！"张生急切地叫了起来。

老者呵呵一笑说："不急不急！"

"首先，你要知道上市公司的财务报表是反映企业财务状况和经营成果的书面文件，包括资产负债表、利润表、现金流量表、所有者权益变动表（新的会计准则要求上市公司在年报中披露）、附表及会计报表附注和财务情况说明书。过去有过所谓的"财务三表"的说法，那指的是上市公司财务报告中最基础的资产负债表（股东权益表）、利润表（损益表）、现金流量表。其中的"现金流量表"是从"资产负债表"与"利润表"这两者间推算而得的，其具有验算的效果。至于"所有者权益变动表"，那是2007年以后才正式加入财务报表这个大家庭的。"

张生听到这里，心想："看来我们公司的会计也不容易，年底的时候要把这些表做出来，不是件容易的事呀！"

"资产负债表是反映上市公司在某一特定日期（如月末、季末、年末）全部

资产、负债和所有者权益情况的会计报表,是企业经营活动的静态体现。它是一张揭示企业在一定时点财务状况的静态报表,表明上市公司在某一特定日期所拥有或控制的经济资源、所承担的现有义务和所有者对净资产的要求权。"老伯接着说道。

张生皱着眉头,疑惑地看着老伯。感觉像是在云雾里一般,不甚明了。

老者看出了张生的疑惑,笑了笑说:"你只要记住资产负债表就是反映了企业有多少资产,分别是些什么资产,有多少负债,长短期负债各有多少,有多少负债需要支付利息就行了。"

张生点点头,同时说道:"哦!"

老者接着回到主题,继续说道:"资产负债表利用了会计平衡原则,将合乎会计原则的资产、负债、股东权益交易科目分为'资产'和'负债及股东权益'两大区块,在经过分录、转账、分类账、试算、调整等等会计程序后,以特定日期的静态企业情况为基准,浓缩成一张报表。上市公司编制资产负债表的目的除了企业内部的除错、防止弊端外,也可以让外部的潜在投资者于最短的时间内了解企业的经营管理状况。"

"那我们关注资产负债表的目的是什么呢?"张生问道。

老者满意地说道:"嗯,看来你进入状态了。我们关注资产负债表的目的是揭示上市公司资产负债表及相关项目的内涵;了解企业财务状况的变动情况及变动原因等。"

张生点点头,似乎明白了老者所说的话。

"下面让我们再聊一下利润表吧!"老伯说道。

张生点点头,表示同意。

老者清清喉咙说道:"利润表是反映上市公司在一定会计期的经营成果及其分配情况的会计报表,是一段时间内公司经营业绩的财务记录,它反映了这段时间的销售收入、销售成本、经营费用及税收状况,报表结果为公司实现的利润或亏损。"

"也就是说，利润表展示了企业利用其所掌握的资源为他人创造价值并实现盈利的过程及能力。通俗地讲，反映了上市公司在某段时间内是赚是赔，赚了多少或赔了多少。"显然，老者有了上次的经验，希望把利润表的定义说得更通俗易懂一点。

"哦，原来如此，这个我明白。"理解了利润表的定义，张生显然非常开心。

"上市公司的经营成果通常表现为某个时期收入与费用配比而得的利润或亏损。同时，为了准确地反映企业的利润和亏损，编入利润表的必须是按照收入确认原则确定的当期收入和按照配比原则确定的与之相应的费用。如此就有助于我们评价和预测企业的经营成果和获利能力；有助于评价和预测企业的偿债能力。当然了，也可以帮助企业的管理人员进行决策；同时，还可以作为企业管理人员的绩效考核依据。"

张生心想，若是企业的利润表不太漂亮，那么董事们会不会给高管们脸色看呢？

"接下来我们再讲现金流量表。"老者继续说道。

"现金流量表是反应一定时期内（如月度、季度或年度）企业经营活动、投资活动和筹资活动对其现金及现金等价物所产生影响的财务报表。其主要是要反映出资产负债表中各个项目对现金流量的影响，并根据其用途划分为经营、投资及融资三个活动分类。现金流量表可用于分析一家上市公司在短期内有没有足够的现金去应付对外的支出与开销。"

张生听得似乎又有一点晕，不禁又皱起眉头来。

老者看到张生的表情之后，眯着眼睛，笑着说道："从现金流量表中，可以观察到上市公司是否有足够的偿债能力，是否能够持续健康地经营。或者说，现金流量表就是反映了上市公司在某段时间内，收进多少现金，付出多少现金，还余下多少现金。"

张生眼睛一亮，同时说道："哦，原来是这样呀！"

"现金流量表提供了一家上市公司经营是否健康的证据。如果一家公司经营活动产生的现金流无法支付股利与保持股本的生产能力，从而导致它得用借款的方式满足这些需要，那么这就给出了一个警告：这家公司从长期来看无法维持正常情况下的支出。现金流量表通过显示经营中产生的现金流量的不足和不得不用借款来支付无法永久支撑的股利水平，揭示了公司内在的发展问题。"

听到此处，张生默念道，原来这上市公司的财务报表竟然有这么多的门道，还能看出一个公司的潜在发展问题。

"接下来就是所有者权益变动表。"老者自顾自地说道。

"所有者权益变动表是反映上市公司本期（年度或中期）内至截至期末所有者权益变动情况的报表。其中，所有者权益变动表应当全面反映一定时期内所有者权益变动的情况。"

张生突然想到了什么，对老者说："李伯，我记得您说过，这张表是在2007年之后才出现在财务报告里的吧？"

老者用赞许的眼光看着张生说："小伙子，记性不错嘛！是这样的。2007年以前，上市公司的所有者权益变动情况是以资产负债表附表的形式予以体现的。在新的会计准则颁布以后，要求上市公司于2007年正式对外呈报所有者权益变动表。因此，所有者权益变动表成了与资产负债表、利润表和现金流量表并列披露的第四张财务报表。在所有者权益变动表中，上市公司还应当单独列示下面的内容：①所有者权益总量的增减变动；②所有者权益增减变动的重要结构性信息；③直接计入所有者权益的利得和损失。"

"那它到底有什么作用呢？"张生问到。

"我们通过所有者权益变动表，既可以了解所有者权益总量增减变动的信息，也可以知道所有者权益增减变动的结构性信息，特别是能够让我们理解所有者权益增减变动的根源。"

第一章　财务报表——学习投资的首要工具

"原来是这个样子。"张生回答道。

由于聊得时间太久，老者这时才注意到，烟斗里的烟丝已经熄灭了。张生看到这情形，赶忙摸出自己口袋的打火机，对老者说："李伯，真是不好意思，让您受累了，我给您点上。"

老者笑笑说："没关系了，闲来无事，和年轻人聊聊天也是很好的。下面我再给你讲讲财务报表附注吧！"

"李伯，难道这四张报表没有把上市公司所有的财务信息都包含在里面吗？"张生问道。

"那是自然了。之所以要编制会计报表附注。首先，是因为它可以拓展上市公司财务信息的内容，打破了四张主要报表内容必须符合会计要素的定义，又必须同时满足相关性和可靠性的限制。其次，它突破了揭示项目必须用货币加以计量的局限性。再次，它还满足了企业财务报告是为其使用者提供有助于经济决策的信息的要求，增进了财务信息的可理解性。最后，它还能提高财务信息的可比性，可以使不同行业或同一行业不同企业的会计信息的差异更具可比性，从而便于进行对比分析。"老者口若悬河，完全没有考虑张生是否能够在短时间内理解这些内容。

此时的张生一脸迷茫，不知所措。

老者看看张生说："现在理解不了没关系，以后就会明白的。不过你得记着，财务报表附注是对会计报表本身无法或难以充分表达的内容和项目所作的补充说明和详细解释。"

"嗯，这个记住了。"张生回答道。

"财务报表附注的内容一般包括这些：①不符合会计假设的说明；②重要会计政策和会计估计及其变更情况、变更原因及其对财务状况和经营成果的影响；③或有事项和资产负债表日后事项的说明；④关联方关系及其交易的说明；⑤重要资产转让及其出售说明；⑥企业合并、分立的说明；⑦重大投资、融资活动；

⑧会计报表中重要项目的明细资料；⑨会计报表中重要项目的说明有助于理解和分析会计报表需要说明的其他事项。"老者继续说道。

"有这么多呀！"张生惊叫道。

老者呵呵一笑，说："其实也没有多少内容了，只要多下些功夫就行了。常见的财务报表附注的形式有五种，这个怕是你得动笔记一下啦！"

张生连忙拿出笔来，随着老者的口述在本子上写下如下内容。

（1）尾注说明：这是附注的主要编制形式，一般适用于说明内容较多的项目。

（2）括号说明：此种形式常用于为会计报表主体内提供补充信息，因为它把补充信息直接纳入会计报表主体，所以比起其他形式来显得更直观，不易被人忽视，它的缺点是包含内容过短。

（3）备抵账户与附加账户：设立备抵与附加账户，在会计报表中单独列示，能够为会计报表使用者提供更多有意义的信息，这种形式目前主要是指坏账准备等账户的设置。

（4）脚注说明：指在报表下端进行的说明，例如，说明已贴现的商业承兑汇票和已包括在固定资产原价内的融资租入的固定资产原价等。

（5）补充说明：有些无法列入会计报表主体中的详细数据、分析资料，可用单独的补充报表进行说明。

记完这些内容之后，张生突然盯着老者说："李伯，忘了一个问题，除了我们，还有谁需要使用财务报表呀？"

"哦，这个问题简单啦！"老者笑笑说："首先，使用上市公司财务报表的是公司的投资者。投资者最关心的是其权益的风险，以及投资能否增值，投资报酬或投资回报能有多大，是否能够满足其期望的投资收益要求。这些决定了投资者是否向公司投资，是否还要追加投资，是否需要收回或转让投资。因此，投资者阅读与分析报表的重点是企业的获利能力、投资回报率及企业经营的风险水平，以此作出自己的投资决策。"

"其次，是公司的债权人。"老者又接着说道："债权人包括银行、非银行金融机构、企业债券的购买者等。其中，短期债权人最为关心的是企业偿还短期债务的能力。而长期债权人最为关心的则是企业连续支付利息和到期（若干年后）偿还债务本金的能力。因而，债权人并不像投资者那样十分关心企业的获利能力，但对企业的偿债能力却是时刻保持警惕。"

"还有公司的高管们吧？"张生问道。

"是的。他们负责企业的日常经营活动，必须确保公司支付给股东与风险相适应的投资回报，及时偿还企业各种到期债务，使企业的各种经济资源得到充分有效的利用，为企业不断获得盈利。因此，高管们对公司财务状况的各个方面都要了然于胸。"老者回答道。

老者拿起手中的烟斗吸了一口，又接着说："除了以上的人员外，还有客户、政府部门、竞争对手、社会公众等都会用到财务报表。"

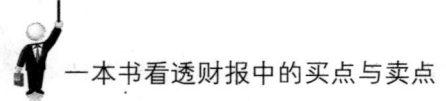
一本书看透财报中的买点与卖点

第三节　财务报表的基础

张生听到这里点了点头，心想，这李伯不愧是久经股市的老将，对上市公司的财务报表了解的这么透彻，自己这一知半解的水平与人家相比差之千里呀！

同时，张生想到，凡事都有一定的规则，这财务报表在编制时也应该遵循一定的规律吧！

于是他便开口问道："李伯，这财务报表在编制之时，是不是也遵循一定的原则，根据一定的规律来进行的？"

此时，李伯用赞赏的眼光看了看张生，笑了笑说："小伙子，有悟性！说到这里就不得不提一下会计等式啦！"

"什么是会计等式呀？"张生好奇地问。

李伯停顿了一下，然后慢慢地说："会计等式是在会计核算中利用数学公式即数量关系反映各个会计要素经济关系的数学表达式，是各会计主体设置账户进行复式记账和编制财务报表的理论依据。它提示了各会计要素之间的联系，其中，反映资产负债表要素之间的数量关系的等式是：资产=负债+所有者权益，而反映利润表要素之间的数量关系的等式是：利润=收入−费用。要彻底的理解会计等式的含义，就得对会计六要素进行学习。"

"会计要素是指财务报表的基本构成要素。咱们国家的《企业会计准则》将会计要素分为资产、负债、所有者权益（股东权益）、收入、费用（成本）和利润这六个会计要素。其是会计核算对象的具体化，是会计基本理论研究的基石，更是会计准则建设的核心。"

张生此时感觉大脑有点饱和，皱着眉头疑惑不解。

李伯看到此种情景后，对张生说："让我们逐个讨论一下会计六要素，先从资产说起吧！"

张生点点头，表示同意。

"资产是指由企业过去经营交易或各项事项形成的，由企业拥有或控制的，预期会给企业带来经济利益的资源。"李伯接着说。

"其具有以下几方面特征：①资产预期会给企业带来经济利益。如果某一项目预期不能给企业带来经济利益，就不能将其确认为企业的资产，前期已经确认为资产的项目，如果不能再为企业带来经济利益，也不能再将其确认为企业的资产。②资产应为企业拥有或者控制的资源。通常在判断资产是否在时，所有权是考虑的首要因素，但在有些情况下，虽然某些资产不为企业所拥有，即企业并不享用其所有权，但企业控制这些资产，同样表明企业能够从这些资产中获取经济利益。③资产是由企业过去的交易或者事项形成的。只有过去的交易或事项才能产生资产，企业预期在未来发生的交易或者事项不形成资产。"

张生此时似乎有些明白了，眉头上的疑云也逐渐散开。

"按照不同的标准，资产可以分为不同的类别。"李伯为了让张生对资产有进一步的理解，对资产又做了说明："按耗用期限的长短，可分为流动资产和长期资产；按是否有实体形态，可分为有形资产和无形资产。在我国会计实务中，将资产分为流动资产、长期投资、固定资产、无形资产、递延资产等类别。"

"那负债又是什么呀？"张生急切地问到，显然他想对这些东西有更多的了解。

李伯笑笑说："别着急，慢慢来。"

"负债是指企业过去的交易或者事项形成的，预期会导致经济利益流出企业的现时义务。当公司营运中有资金需求时，除了可由股东提供外，也可向银行或其他机构借贷有一定的利息支付与本金偿还期限的资金，为记录这些交易产生的资金变化，将这些会计科目归类于'负债'，标示资产负债表的右上角。"

李伯接着说:"负债实质上是企业在一定时期之后必须偿还的经济债务,其偿还期限或具体金额在它们发生或成立之时就已由合同、法规所规定与制约,是企业必须履行的一种义务。和资产一样,按照不同的标准,负债也可以分为不同的类别。一般情况下,按其偿还速度或偿还时间的长短划分为流动负债和长期负债两类。流动负债主要包括短期借款、应付票据、应付账款、应付利息、预收账款、应付职工薪酬、应缴税费、应付股利和其他应付款等。长期负债包括长期借款、应付债券和长期应付款等。"

张生边点头,边不停地在他的笔记本上记下李伯所说的内容,以备以后学习。

"其特点有:①负债是企业承担的现时义务;②负债的清偿预期会导致经济利益流出企业;③负债是由过去的交易或事项形成的;④负债以法律、有关制度条例或合同契约的承诺作为依据。"

"这是第二个会计要素了吧?"张生问到。

"是的。"李伯说:"下面我们开始讨论第三个会计要素——所有者权益(股东权益)。"

"所有者权益是指企业资产扣除负债后由所有者享有的剩余权益,在股份制企业该权益又称为股东权益。所有者权益是企业投资人对企业净资产的所有权,它受总资产和总负债变动的影响而变动。"

"哦,所有者权益原来是这样的。那所有者就是企业的真正老板了?"张生问到。

"可以这样理解吧!"李伯回答说。

"所有者权益按其构成,分为投入资本、资本公积和留存收益三类:①投入资本是指所有者在企业注册资本的范围内实际投入的所有者权益资本;②资本公积是指归所有者所共有的、非收益转化而形成的资本,主要包括资本溢价(股本溢价)和其他资本公积等;③留存收益是指归所有者所共有的、由收益转化而形成的所有者权益,主要包括法定盈余公积、任意盈余公积和未分配利润。"

第一章　财务报表——学习投资的首要工具

"所有者权益一般具有以下4个基本特征：①所有者权益在企业经营期内可供企业长期、持续地使用，企业不必向投资人返还资本金；②企业所有人凭其对企业投入的资本，享受税后分配利润的权利；③企业所有人有权行使企业的经营管理权，或者授权管理人员行使经营管理权；④企业的所有者对企业的债务和亏损负有无限责任或有限责任。"

"到现在，咱们把第一个会计等式的三个要素讲完了。"李伯说道。

"那咱们快开始学习第二个会计等式的要素吧！"张生一下子学到这么多东西，显然感觉有些兴奋。

"学习热情这么高，那咱们就趁热打铁，开始讨论第四个会计要素——收入。"李伯也露出开心的表情。

"收入是指企业在日常活动中所形成的、会导致所有者权益增加的、非所有者投入资本的经济利益的总流入，包括销售商品收入、劳务收入、让渡资产使用权收入、利息收入、租金收入和股利收入等，但不包括为第三方或客户代收的款项。"

张生在笔记本上飞快地记录着，生怕遗漏了重要的内容。

"企业收入的来源渠道多种多样，不同的收入来源的特征有所不同，其收入确认条件也往往存在差别，如销售商品、提供劳务、让渡资产使用权等。"李伯继续说，"一般而言，收入只有在经济利益很可能流入从而导致企业资产增加或者负债减少，且经济利益的流入额能够可靠计量时才能予以确认。收入的确认至少应当符合以下3个条件：①与收入相关的经济利益应当很可能流入企业；②经济利益流入企业的结果会导致资产的增加或者负债的减少；③经济利益的流入额能够可靠计量。"

"按照不同的标准，收入可以分为不同的类别：①按照企业从事日常活动的性质，可以将收入分为销售商品收入、提供劳务收入、过渡资产使用权收入、建造合同收入等等；②按照企业从事日常活动在企业的重要性，可将收入分为主营业务收入、其他业务收入。"李伯讲到此处时放慢了语速,以便张生进行记录。

张生写完最后一个字之后,抬头看了看李伯,表示可以继续进行讲解了。

"那么现在我们讨论成本费用。"李伯开始了新的内容。

"就一般意义而言,成本费用泛指企业在生产经营中所发生的各种资金耗费。企业的成本费用,就其经济实质来看,是产品价值构成中c+v两部分价值的等价物,用货币形式来表示,也就是企业在产品经营中所耗费的资金的总和。"

"企业在经营活动中计量成本费用的主要作用体现在4个方面:①成本费用是反映和监督劳动耗费的工具;②成本费用是补偿生产耗费的尺度;③成本费用可以综合反映企业工作质量,是推动企业提高经营管理水平的重要杠杆;④成本费用是定制产品价格的一项重要依据。"

对张生而言,有些内容他并没有理解,但还是决定先记录下来,等到日后再仔细琢磨。

"对企业来讲,成本费用审核的基本方法有以下几种:①评价有关成本费用的内部控制是否存在、有效且一贯遵守;②获取相关成本费用明细表,复核计算是否正确,并与有关的总账、明细账、会计报表及有关的申报表等核对;③审核成本费用各明细子目内容的记录、归集是否正确;④对大额业务抽查其收支的配比性,审核有无少计或多计业务支出;⑤审核会计处理的正确性,注意会计制度与税收规定间在成本费用确认上的差异。"

张生心想:"李伯的用语都比较专业,看来需要仔细研究。"

"利润对企业的生存至关重要,下面我们讨论一下利润吧!"李伯似乎没有想多讲成本费用的意思。

张生点点头,同意了李伯的提议。

"从狭义的收入、费用来讲,利润包括收入和费用的差额,以及其他直接计入损益的利得、损失。从广义的收入、费用来讲,利润是收入和费用的差额。利润按其形成过程,分为税前利润和税后利润。税前利润也称利润总额;税前利润减去所得税费用,即为税后利润,也称净利润。"

"在这里我们着重讨论一下企业的净利润。"李伯说道,"净利润是一个企业经营的最终成果,净利润越多,表明企业的经营效益越好;净利润越少,表明企业的经营效益越差,它是衡量一个企业经营效益的主要指标。对于企业的投资者来说,净利润是其获得投资回报大小的基本因素,对于企业的管理者而言,净利润是其进行经营管理决策的基础。同时,净利润也是评价企业的盈利能力、管理绩效以至偿债能力的一个基本工具,是一个反映和分析企业多方面情况的综合性指标。"

张生听到这里心想:"难怪有人说,'利润是企业的生命'。原来它的意义在这里。"

李伯又补充说:"一般国内企业会在季报、中报、年报的利润分配表中公布净利润的相关信息。一般分为单季度的净利润以及本年度期初到截止日期的净利润。对于上市公司来说一般要查看归属母公司的净利润。"

张生连连点头,表示明白了李伯所说的含义。

"财务报表主要是反映企业一定期间的经营成果和财务状况,对财务报表的分析可以从6个方面来入手。"李伯接着说道。

"一要分析企业的利润表,对比今年收入与去年收入的增长是否在合理的范围内。那些增长点在50%~100%之间的企业,要特别关注。二要分析企业的坏账准备,有些企业的产品销售出去,但款项收不回来,但它在账面上却不计提或提取不足,这样的收入和利润就是不实的。三要分析企业的长期投资是否正常,有些企业在主营业务之外会有一些其他投资,看这种投资是否与其主营业务相关联,如果不相关联,那么,这种投资的风险就很大。四要分析其他应收款是否清晰,有些企业的资产负债表上,其他应收款很乱,许多陈年老账都放在里面,有很多是收不回来的。五要分析企业是否有关联交易,尤其注意年中大股东向上市公司借钱,到年底再利用银行借款还钱,从而在年底报表上无法体现大股东借款

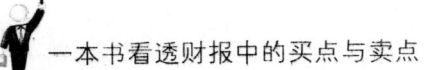

的做法。六要分析企业的现金流量表是否能正常地反映资金的流向。"

张生听完之后，觉得真是受益匪浅，对李伯佩服的更是五体投地。他对李伯说道："这么复杂的财务报表，让您这么讲解之后，顿时就变得通俗易懂了，能结识您这样的大家真是三生有幸呀！"

李伯笑着摆摆手说道："雕虫小技而已，过誉啦！对于财务报表有专门的分析方法，现在还有些时间，利用这些时间再聊聊财务报表的分析方法吧！"

能多学东西，张生自然是满心欢喜，连连表示同意。

第四节 财务报表分析方法

张生在笔记本上翻开了新的一页,准备记录新的内容,看他的样子像是一个坐在课堂上听讲的小学生。

李伯此时也沉思片刻,整理思绪准备开始讲述新的内容。

"要想掌握财务报表的分析方法,首先就要明白什么是财务报表分析。"李伯说道:"财务报表分析,又称为财务分析,是通过收集、整理企业财务会计报表中的有关数据,并结合其他有关补充信息,对企业的财务状况、经营成果和现金流量情况进行综合比较和评价,为财务会计报告使用者提供管理决策和控制依据的一项管理工作。当然,我们这里的企业主要指的是上市公司啦!"

"那么我们分析企业的财务报表有什么意义呢?"张生疑惑不解地问道。

"这个问题问得好!"李伯笑着说,"单纯从财务报表上的数据还不能直接或全面说明企业的财务状况,特别是不能说明企业经营状况的好坏和经营成果的高低,只有将企业的财务指标与有关的数据进行比较才能说明企业财务状况所处的地位,因此我们要进行财务报表的分析。"

张生点头说道:"看来财务报表分析是非常重要的。"

"企业财务报表的分析方法有许多种,而常用的方法只有几种。这些方法有比较分析法、比率分析法、趋势分析法、结构分析法、水平分析法、因素分析法等。"李伯话锋一转,开始讲解财务报表分析的方法了。

"那么我们首先从比较分析法开始吧!"李伯吸了一口手中的烟斗,慢慢地说道。

张生没有作声,只是集中精神,注意李伯后面要讲的内容。

"比较分析法，也称为对比分析法，它是通过经济指标在数量上的比较，来揭示经济指标的数量关系和数量差异的方法。财务报表的分析者将会计事项存在的两个或两个以上有内在联系的相关指标进行相互对比，通过比较以了解会计事项中的各种情况，发现问题并找出差异。"

张生在笔记本上写着李伯刚才所讲的内容，有时会稍微停顿一下，思考那些句子所表达的含义。

李伯见到此情此景，脸上也浮现出会心的微笑。看到张生完成记录之后，他又开口讲道："比较分析法的主要作用在于揭示财务活动中的数量关系和存在的差距，从中发现问题，为进一步分析原因，挖掘企业的潜力指明方向。比较分析法是最基本的分析方法，其他的分析方法是建立在比较分析法基础上的。根据分析的目的和要求不同，比较分析法有三种方式：①实际指标与预算比较。这种方式可以揭示企业实际与预算之间的差异，了解该指标的完成情况；②本期指标与上期指标或历史最好指标进行比较。这种方式可以确定前后不同时期有关指标的变动情况，了解企业生产经营活动的发展趋势和管理工作的改进情况；③本企业指标与国内外同行业先进指标的比较。这种方式可以找出与先进企业之间的差距，推动本企业改善经营管理的方法，赶超先进水平。"

张生停下了手中的笔，皱着眉头望着李伯，一脸茫然的表情，看来他对以上的内容并没有消化太多。

李伯看见张生的样子，并没有思虑太多，只是慢慢地说："罗马不是一天建成的，现在不理解没关系，以后要勤学苦练，一定会有所收获的。"

张生点了点头，又恢复了之前的信心。

"下面我们开始讨论比率分析法吧！"李伯又把话题拉了回来，重新开始了他的授课。

"比率分析法是以同一期财务报表上若干重要项目的相关数据相互比较，求出比率，用以分析和评价企业的经营活动以及企业目前和历史状况的一种方法，它是财务分析最基本的工具。我们作为股票投资者,主要要掌握和运用4类比率,即反映上市公司的获利能力比率、偿债能力比率、成长能力比率和周转能力比率。"

张生点了点头,但没有停下手中的笔记。

"在运用这种方法分析企业财务状况和经营活动时,需要注意以下几点。"李伯接着说道,"①所分析的项目要具有可比性、相关性,将不相关的项目进行对比是没有意义的。②对比口径的一致性,即比率的分子项与分母项必须在时间、范围等方面保持口径一致。③选择比较的标准要具有科学性,要注意行业因素、生产经营情况差异性等因素。④要注意将各种比率有机联系起来进行全面分析,不可孤立地看某种或某类比率,同时要结合其他分析方法,这样才能对企业的历史、现状和将来有一个详尽的分析和了解。"

"好的,记下了。"张生答道,看来这次张生的思路跟上了李伯的脚步。

"接下来我们开始讨论趋势分析法。"李伯并没有扩大讲解的意思,只是想让眼前的这个小伙子对这些方法有一个基本的了解,至于深入的学习在这么短的时间内是不可能的。

张生也明白李伯的用意,所以并没有表示反对。

"趋势分析法是通过对财务报表中各类相关数字资料,将两期或多期连续的相同指标或比率进行定基对比和环比对比,得出它们的增减变动方向、数额和幅度,以揭示企业财务状况、经营情况和现金流量变化趋势的一种分析方法。其目的是确定引起公司财务状况和经营成果变动的主要原因,进一步确定公司财务状况和经营成果的发展趋势,同时预测公司的未来发展方向。运用该方法进行比较分析时,最好是既计算有关指标增减变动的绝对值,又计算其增减变动的相对值,这样可以有效地避免分析结果的片面性。"

"我们在运用趋势分析法进行财务报表分析时,应注意以下的问题。"李伯接着说道,"①指标的计算口径上必须一致。由于经济政策、财务制度等因素发生重大变化而影响指标内容时，应将指标调整为同一口径。②偶然因素对指标产生特殊影响时，分析时应加以剔除。比如天灾人祸等偶然因素对财务活动产生的特殊影响，必要时对价格变动因素也要加以调整。③财务指标有显著变动时应重点研究。对财务指标有显著影响的因素应作为分析重点研究其产生的原因，以便及时采取对策。"

讲完以上的内容之后，李伯拿起手中的烟斗深吸了一口，之后又吐出淡蓝色的烟雾。这一举动好像是在为下半场进行准备，抑或是一种自我精神的放松。

张生也趁机放松了紧绷的神经，但他的精力似乎还未消耗殆尽，毕竟他是个年轻人。

"我们接下来该讨论结构分析法了吧？"李伯似乎已经恢复了精力，脸上又露出那般慈善的笑容。

张生看到李伯那慈善的笑容之后，似乎被传染了似的，嘴角也微微上翘，开心地答道："是的，该结构分析法了。"

"那好，我们开始讨论结构分析法。"李伯回应说，"结构分析法又称为共同比报表分析法，这种方法是将财务报表上的某关键项目的金额当作百分之一百，而将其余项目分别换算为对关键项目的百分比，以显示各项目的相对地位。"

听到这里，张生心想："自己还是第一次听到这样的分析方法，看来自己真是学识有限、孤陋寡闻呀！"

"结构分析法反映了同一报表内有关项目之间的比例关系，显示了各项目的相对重要地位，以利于分析比较同一报表内各项目变动的适当性。例如，根据比较共同比资产负债表上的资产构成，观察企业资产的流动性和各项资产所占比例是否适当；通过负债和股东权益的构成比例，分析资本结构的合理性。为了更有利于财务数据的使用，报表的分析者往往将横向分析和纵向分析结合起来，编制比较的共同比报表。"

讲完以上的内容之后，李伯稍微停顿了一下。看着张生奋笔疾书的样子，脸上露出了欢快的表情。对于一个前辈而言，也许后辈的勤奋努力是最令他们欣慰的事情了。

而此时的张生刚刚完成他的笔记，然后抬起头来看着李伯，表示可以继续受教了。

"那么我们开始讨论水平分析法。"显然李伯明白他的意思，"水平分析法，指将反映企业报告期财务状况的信息（也就是会计报表信息资料）与反映企业前期或历史某一时期财务状况的信息进行对比，研究企业各项经营业绩或财务状况的发展变动情况的一种财务分析方法。"

"水平分析法中又具体有两种分析方法：比较分析法和指数趋势分析法。"李伯接着说道，但语速有些放缓，为的是让张生更加明白自己所表达的含义："①比较分析法。比较分析法是将上市公司两个年份的财务报表进行比较分析，旨在找出单个项目各年之间的不同，以便发现某种趋势。在进行比较分析时，除了可以针对单个项目研究其趋势，还可以针对特定项目之间的关系进行分析，以揭示出隐藏的问题。②指数趋势分析法。当需要比较三年以上的财务报表时，比较分析法就变得很麻烦，于是就产生了指数趋势分析法。指数趋势分析的具体方法是，在分析连续几年的财务报表时，以其中一年的数据为基期数据（通常是以最早的年份为基期），将基期的数据值定为100，其他各年的数据转换为基期数据的百分数，然后比较分析相对数的大小，得出有关项目的趋势。"

对于张生来讲，上学时练习的速记方法现在有了用武之地，没过多久便完成了笔记。虽然内容有些晦涩难懂，但他相信只要自己用心琢磨、虚心请教，这些内容也会运用自如的。

李伯看到张生完成了笔记，便开口说道："那么我们开始讨论最后一个分析方法——因素分析法。"

张生重新握紧手中的笔，集中精神准备记录新的内容。

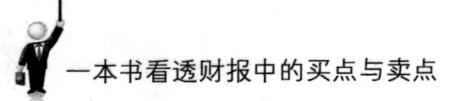

"因素分析法是依据分析指标与其影响因素的关系，从数量上确定各因素对分析指标影响方向和影响程度的一种方法。因素分析法既可以全面分析各因素对某一经济指标的影响，又可以单独分析某个因素对经济指标的影响，在财务分析中应用颇为广泛。"李伯给出了因素分析法的定义。

张生也习惯了这样的学习模式，可以让他对这一陌生的财务分析方法有一个整体的认识，然后再去分析这种方法的各个特点，以及需要注意的事项。

"因素分析法是财务分析方法中非常重要的一种分析方法。"李伯接着说道，这显然是在强调这种方法的重要性，"运用因素分析法，准确计算各个影响因素对分析指标的影响方向和影响程度，有利于企业进行事前计划、事中控制和事后监督，促进企业进行目标管理，提高企业经营管理水平。同时，因素分析法的使用需要注意几个问题，即因素分解的相关性、分析前提的假定性、因素替代的顺序性、顺序替代的连环性。这几个问题在实际应用中处理比较混乱，有必要私下对此进行深入研究。"

张生点头同意，忽然间他发现李伯前面提到的几种财务报表分析方法已经全部讲完了，便开口问道："李伯，还有没有其他的分析方法呀？"

李伯拿着烟斗，笑呵呵地说道："当然有了，不过其他的方法并不是十分常用啦！"

李伯停顿了一下，又接着说："财务分析的方法与分析工具是非常多的，具体应用应根据分析者的目的而定。最经常用到的还是围绕财务指标进行的单指标分析、多指标综合分析、再加上借用一些参照值（比如预算、目标等），运用一些分析方法（比率、趋势、结构、因素等）进行分析，然后通过直观、人性化的格式（报表、图文报告等）展现给用户。"

张生不禁露出吃惊的表情，没想到单就财务报表的分析方法就如此繁多，还有这么多的讲究与门道。他看了一下手表，发现时间已经不早了，再多打扰面前的这位老者，怕是不妥。但是，对他这样的一个门外汉，能遇到这样的教授之人

第一章　财务报表——学习投资的首要工具

也实属不易，所以还想找机会进行讨教。

想到此处，张生便开口说道："李伯，我还有很多不明白的地方想向您请教，但现在时间确实不早了，也不好继续打扰您。不知以后能否到您家拜访，再请教一二？"

李伯显然对眼前的这位后辈颇具好感，不假思索地说："谈不上'请教'二字，到我家做客我自然是欢迎啦！"

之后，二人互留了联系方式，在证券营业部门口道别了。

第二章

资产负债表——企业的财务状况

这日,张生和往日一样,在七点三十分起床。虽说是个礼拜六,但他还是不想把大好的时光太多的浪费在床上。吃过早餐之后,他想找些事做,于是便想到了前几日在证券营业部里向李伯讨教的有关财务报表的内容。

"对呀,何不利用这闲暇的时间来重新学习一下李伯所教授的内容呢?"张生自言自语道。

想到此处,他便起身从包里拿出了笔记本,准备重新学习一下李伯所教授的知识。

翻开那日他所做的笔记,感觉似乎有些陌生。甚至是当时很明白的内容,现在也变得模糊起来。张生被此情此景吓了一跳,心想这古人说的:"学如逆水行舟,不进则退;心似平原走马,易放难收。"还真不是虚言,若不努力怕是没有任何的收获。

当张生看到资产负债表时有点犯晕,由于时间的原因,那时李伯并没有给他讲授完整的内容,只是简略的进行了概括。所以,他对这张重要的财务报表并没有太深入的了解。

"不知道李伯今日是否在家？关于这资产负债表的系统学习还是得当面去请教他老人家。"张生喃喃自语道。于是他便拿起手机拨通了李伯的电话，当得知李伯在家休息，欢迎他到家做客时，张生的脸上露出了开心的笑容。张生起身收拾一下，带上那日在街上买的两盒上等的龙井茶之后，便出门直奔李伯的住处而去。

第二章　资产负债表——企业的财务状况

第一节　资产负债表的结构

张生来到李伯的住所之后，发现李伯所住的小区虽说不是很气派，但设计构造却相当精致，可见这个楼盘的设计师花了很多心思，同时也显出这里业主的品位与众不同。

向小区的保安说明来意之后，热心的保安大哥带着张生来到了李伯家的门前。按过门铃没多久，李伯亲自开了房门。看见张生之后便热情地把他迎入屋内，同时向保安道了谢。

在送走小区的保安之后，张生和李伯一起来到了客厅。二人都落座之后，张生才想起自己手中的龙井茶。便探身对李伯说道："李伯，前来叨扰真是过意不去，也没什么好拿的，这里有两盒龙井，不成敬意，还希望您收下。"

"小伙子，太客气啦！你不嫌我这个老头子烦，愿意听我唠叨就很好了，还带什么东西。"李伯摆手说道。

张生听到这里慌忙说："李伯，您过谦了。我每次向您请教，您都那么热心，而且在遇到不明白的地方，您还那么耐心讲解。要是不收下这龙井，下次怕是也不敢再来打扰啦！"

李伯见张生态度如此诚恳，便说："好吧，这次我就收下了。下次来做客的时候记得不要再带东西了，和我这老头子交往没有那么多的讲究。"

张生微笑着点点头，双手把茶叶递了过去。而李伯接过之后将龙井放在了茶几上，随后说道，"我这里有朋友带过来的铁观音，泡上一壶你也尝尝这茶的味道。"

在李伯起身泡茶之时，张生便开始打量起客厅的布置。

影视墙贴了仿石纹的灰色壁纸，略显大气，而旁边的墙壁却用了米黄色，让人感觉较为温和。客厅里布置的是一套复古的明清家具，显得厚重而有韵味。同时，在阳台上有几盆精心培育的兰花，在微风中散发着一阵阵香气。

没过多久，李伯回到了客厅。经过几道工序之后，张生已经闻到了一股茶香。

此时，李伯看了看张生，开口问道："小伙子，是不是有关财务报表的东西有什么不懂的地方呀？"

张生微微露出一丝歉意，回答说："李伯，确实有很多不明白的地方。今天早上我翻开那日做的笔记，发现对资产负债表只有一个大概的认识，其具体的内容还不清楚。所以，今天过来想向您再讨教讨教有关资产负债表的知识。"

"哦，原来是这样呀！那咱们今天就好好地讨论一下资产负债表吧！"李伯笑着说道，"就程序言，资产负债表是簿记记账程序的末端，是集合了登记分录、过账及试算调整后的最后结果与报表。就性质言，资产负债表则是表现企业体或公司资产、负债与股东权益的对比关系，确切地反映公司营运状况。就报表基本组成而言，资产负债表主要包含了报表左边算式的资产部分与右边算式的负债与股东权益部分。我们首先从资产负债表的基本结构开始说起吧！"

随后，李伯拿出一个类似于教案的本子，打开之后上面的一张表格映入了张生的眼帘。

表2-1 李伯教案

会企01表			
编制单位：××有限公司		20XX年X月X日	单位：元
资产		期末余额	年初余额
流动资产：			
货币资金			
交易性金融资产			

应收票据		
应收账款		
预付款项		
应收利息		
应收股利		
其他应收款		
存货		
一年内到期的非流动资产		
其他流动资产		
流动资产合计		
非流动资产:		
可供出售金融资产		
持有至到期投资		
长期应收款		
长期股权投资		
投资性房地产		
固定资产		
在建工程		
工程物资		
固定资产清理		
生产性生物资产		
油气资产		
无形资产		
开发支出		
商誉		
长期待摊费用		
递延所得税资产		
其他非流动资产		
非流动资产合计		

资产总计		
负债和所有者权益（或股东权益）	期末余额	年初余额
流动负债：		
短期借款		
交易性金融负债		
应付票据		
应付账款		
预收款项		
应付职工薪酬		
应交税费		
应付利息		
应付股利		
其他应付款		
一年内到期的非流动负债		
其他流动负债		
流动负债合计		
非流动负债：		
长期借款		
应付债券		
长期应付款		
专项应付款		
预计负债		
递延所得税负债		
其他非流动负债		
非流动负债合计		
负债合计		
所有者权益（或股东权益）：		
实收资本（或股本）		
资本公积		

减:库存股		
盈余公积		
未分配利润		
所有者权益（或股东权益）合计		
负债和所有者权益（或股东权益）总计		

"李伯，这就是资产负债表吗？"张生疑惑地问道。

"是的，这是一张比较完整的资产负债表。"李伯回答说。

"资产负债表一般有表首和正表两部分。其中，表首概括地说明报表名称、编制单位、编制日期、报表编号、货币名称、计量单位等。"李伯接着对资产负债表进行介绍，"正表是资产负债表的主体，列示了用以说明企业财务状况的各个项目。资产负债表正表的格式一般有两种：报告式资产负债表和账户式资产负债表。报告式资产负债表是上下结构，上半部列示资产，下半部列示负债和所有者权益。具体排列形式又有两种：一是按'资产=负债+所有者权益'的原理排列；二是按'资产-负债=所有者权益'的原理排列。账户式资产负债表是左右结构，左边列示资产，右边列示负债和所有者权益。你现在看到的就是报告式资产负债表，并且是按照'资产=负债+所有者权益'的原理排列的。"

张生瞪大了眼睛看着这张表格，心想：会计报表还真是个神奇的东西，就这么一张表格，就能把企业的资产负债和所有者权益（或股东权益）全部反映出来。

"但不管采取什么格式，资产各项目的合计等于负债和所有者权益各项目的合计这一等式不变。"李伯又补充说道，同时再一次强调了"资产=负债+所有者权益"的会计等式。

突然，张生似乎想到了什么，开口问道："李伯，这资产负债表各项目的排列有没有什么内在的规律？"

"小伙子，你是有心之人哪！"李伯笑着回答说，"在资产负债表中，企业通常按资产、负债、所有者权益分类分项反映。也就是说，资产按流动性大小进行列示，具体分为流动资产、长期投资、固定资产、无形资产及其他资产；负债也按流动性大小进行列示，具体分为流动负债、长期负债等；所有者权益则按实收资本、资本公积、盈余公积、未分配利润等项目分项列示。"

"资产负债表上的数据又都是从哪里取得的呢？"张生紧接着问道，显然他想对资产负债表有更多的了解。

"哦，这就涉及财务报表的编制啦！"李伯回答说，"财务报表各项目数据的来源，主要通过以下几种方式取得：①根据总账科目余额直接填列；②根据总账科目余额计算填列；③根据明细科目余额计算填列；④根据总账科目和明细科目余额分析计算填列；⑤根据科目余额减去其备抵项目后的净额填列。这些就是上市公司财务工作者的事情啦！"

第二节 资产类各项

张生看着资产负债表的各个项目,感觉有点犯晕,心想:这么多的会计科目,上市公司的会计人员要弄明白各项目的含义并且进行正确地填列,肯定是要花费一番工夫的。在这么短的时间里,我能不能全部理解和掌握呢?

李伯看着张生的神情,似乎明白了张生的心中所想,开口说道:"对这些会计科目进行学习是有一定的难度,不过只要肯下功夫,找准学习方法,还是能做到事半功倍的。"

听过李伯的鼓励之后,张生又恢复了信心。抬头看着李伯说:"您说得对,我不能还没有进行尝试就打退堂鼓,什么事情还是要试过之后才能知道结果。李伯,谢谢您的鼓励!"之后,张生拿出了带在身上的笔记本,准备进行记录。

李伯看见张生恢复了信心,欣慰地点点头。接着说道:"前几日在证券营业部我们讨论会计6要素时,已经对资产进行了简单的介绍,下面我们对资产进行一下简单的回顾。"

张生点点头,并集中精力开始听讲。

"资产是指由企业过去经营交易或各项事项形成的,由企业拥有或控制的,预期会给企业带来经济利益的资源。"李伯说道,"按照不同的标准,资产可以分为不同的类别。目前,在我国的会计实务中,将资产分为流动资产、长期投资、固定资产、无形资产、递延资产等类别。下面我们将按照资产负债表的列示,对组成资产的主要科目进行系统地介绍。"

"首先,我们从流动资产开始讨论。"李伯开始了对资产各项目的讲解,"流动资产是指企业可以在一年或者超过一年的一个营业周期内变现或者运用的资产。其中包括货币资金、交易性金融资产、应收票据、应收账款、预付款项、应收利息、应收股利、其他应收款、存货、一年内到期的非流动资产等。"

"李伯，那长期投资是什么含义呀？"张生问道。

"长期投资是指企业不准备在一年内变现的投资，包括股票投资、债券投资、保险投资和其他投资。而固定资产则是指企业使用年限在一年以上，单位价值在规定标准以上，并在使用过程中保持原来物质形态的资产，包括房屋及建筑物、机器设备、运输设备、工具器具等。"李伯回答说。

张生埋头认真地做着笔记，这一切对他来讲感觉是那么的新鲜，勾起了他浓厚的兴趣。

"无形资产比较容易理解啦！就是指企业长期使用而没有实物形态的资产，包括专利权、非专利技术、商标权、著作权、土地使用权、商誉等。"李伯略显轻松地说道，"递延资产则是指企业不能全部计入当期损益，应当在以后年度内分期摊销的各项费用，包括开办费、租入固定资产的改良支出等。"

做完以上的笔记之后，张生托着脑袋，似乎有想不明白的问题，便开口问道："李伯，对于企业来讲，这些资产哪些是属于企业的，哪些是不属于企业的，要怎么才能确认呢？"

"哦，资产的确认主要有3个标准！"李伯回答说。

"首先，资产是一项由过去的交易或者事项形成的资源。资产必须是现实的资产，而不能是预期的资产。这里所指的企业过去的交易或者事项包括购买、生产、建造行为或其他交易或者事项。预期在未来发生的交易或者事项不形成资产。例如，企业通过购买、自行建造等方式形成某项设备，会形成企业的资产；但企业预计在未来某一时点将要购买的设备，引起相关的交易或者事项尚未发生，就不能作为企业的资产。"李伯说道。

张生点点头，似乎对此有所明了。

"其次，资产必须由企业拥有或控制。由企业拥有或者控制，是指企业享有某项资产的所有权，或者虽然不享有某项资产的所有权，但该资源能被企业所控制。例如，融资租入的固定资产，按照实质重于形式的要求，也应将其作为企业资产予以确认。再次，资产预期会给企业带来经济利益。预期会给企业带来经济利益，是指直接或间接导致现金和现金等价物流入企业的潜力。资产必须具有交换价值和使用价值。没有交换价值和使用价值、不能给企业带来未来经济利益的资源不能确认为企业的资产。例如，待处理财产损失或已失效、已毁损的存货，它们已经不能给企业带来未来经济利益，就不应该再作为资产出现在资产负债表中。"

"李伯，能给我讲讲资产负债表各个科目的具体含义吗？"张生似乎已解决了刚才的问题，想开始学习新的内容。

"好，那接下来我们就详细地说一说资产负债表各个会计科目的含义。"李伯笑着回答说。

表2-2　　　　　　　　　张生笔记

会计科目	含义
流动资产：	
货币资金	是指企业经营资金在周转过程中停留在货币形态上的那部分资金
交易性金融资产	是指企业为了近期内出售而持有的债券投资、股票投资和基金投资
应收票据	是指企业因销售商品、提供劳务等而收到的商业汇票
应收账款	是指企业因销售商品、提供劳务等经营活动，应向购货单位或接受劳务单位收取的款项，主要包括企业销售商品或提供劳务等应向有关债务人收取的价款及代购货单位垫付的包装费、运杂费等
预付款项	是指买卖双方协议商定，由购货方预先支付一部分货款给供应方而发生的一项债权
应收利息	是指短期债券投资实际支付的价款中包含的已到付息期但尚未领取的债券利息

应收股利	是指企业因股权投资而应收取的现金股利以及应收其他单位的利润
其他应收款	是指核算企业除买入返售金融资产、应收票据、应收账款、预付账款、应收股利、应收利息、应收代位追偿款、应收分保账款、应收分保合同准其他应收款备金、长期应收款等以外的其他各种应收及暂付款项
存货	是指企业在日常活动中持有以备出售的原料或产品、处在生产过程中的在产品、在生产过程或提供劳务过程中耗用的材料、物料、销售存仓等
一年内到期的非流动资产	是指反映企业将于一年内到期的非流动资产项目金额
其他流动资产	是指除货币资金、短期投资、应收票据、应收账款、其他应收款、存货等流动资产以外的流动资产
流动资产合计	流动资产各科目的合计金额
非流动资产：	
可供出售金融资产	是指企业初始确认时即被指定为可供出售的非衍生金融资产，以及没有划分为以公允价值计量且其变动计入当期损益的金融资产、持有至到期投资、贷款和应收款项的金融资产
持有至到期投资	是指到期日固定、回收金额固定或可确定，且企业有明确意图和能力持有至到期的非衍生金融资产
长期应收款	是指企业融资租赁产生的应收款项和采用递延方式分期收款、实质上具有融资性质的销售商品和提供劳务等经营活动产生的应收款项
长期股权投资	是指企业通过投资取得的被投资单位的股份
投资性房地产	是指企业为赚取租金或资本增值，或两者兼有而持有的房地产
固定资产	是指企业为生产产品、提供劳务、出租或者经营管理而持有的、使用时间超过12个月的，价值达到一定标准的非货币性资产，包括房屋、建筑物、机器、机械、运输工具以及其他与生产经营活动有关的设备、器具、工具等
在建工程	是指企业固定资产的新建、改建、扩建，或技术改造、设备更新和大修理工程等尚未完工的工程支出
工程物资	是指用于固定资产建造的建筑材料（如钢材、水泥、玻璃等），企业（民用航空运输）的高价周转件（如飞机的引擎）等

固定资产清理	是指企业固定资产的报废和出售，以及因各种不可抗力的自然灾害而遭到损坏和损失的固定资产所进行的清理工作
生产性生物资产	是指企业为产出农产品、提供劳务或出租等目的而持有的生物资产，包括经济林、薪炭林、产畜和役畜等
油气资产	是指油气开采企业所拥有或控制的井及相关设施和矿区权益
无形资产	是指企业拥有或者控制的没有实物形态的可辨认的非货币性资产
开发支出	是指企业开发无形资产过程中能够资本化形成无形资产成本的支出部分
商誉	是指能在未来期间为企业经营带来超额利润的潜在经济价值，或一家企业预期的获利能力超过可辨认资产正常获利能力（如社会平均投资回报率）的资本化价值
长期待摊费用	是指企业已经支出，但摊销期限在一年以上（不含一年）的各项费用，包括租入固定资产的改良支出以及摊销期在一年以上的固定资产大修理支出、股票发行费用等
递延所得税资产	是指企业未来预计可以用来抵税的资产
其他非流动资产	是指除资产负债表上所列非流动资产项目以外的其他周转期超过一年的长期资产
非流动资产合计	非流动资产各科目的合计金额
资产总计	是指企业拥有或控制的全部资产

经过一番讲解之后，李伯终于把资产负债表中资产类的最后一个科目的含义解释完毕，而此刻张生的笔记本上也密密麻麻的做了几页的笔记。

李伯给张生倒了一杯刚才泡好的铁观音，然后说道："小伙子，品品这茶的味道。"

张生把茶杯端到嘴边，还未入口之时，一股清香就飘入他的鼻腔，令他心旷神怡。等到张生轻轻地喝了一小口，那淡淡的香味便在他口中来回游荡，四散开来。

"好茶！好茶！"张生连连夸奖道。

李伯看见此情此景呵呵地笑了起来，给自己倒上一杯，然后细细地去品尝这杯中的味道。

第三节　负债类各项

张生在品过几杯清茶之后,精力有所恢复。对张生而言,这次拜访不仅学习了资产负债表中资产类各个科目的含义,而且还品尝了这么上好的铁观音,真是不虚此行。不过资产负债表中还有负债类和所有者权益(或股东权益)类各个科目的含义还没有请教,所以张生还要继续学习。

想到此处,张生开口说道:"李伯,资产负债表中资产类各个科目的含义我们是不是已经全部学习完了?"

"如果只是为了读懂上市公司的财务报表的话,学到这种程度也可以了。"李伯回答说。

"李伯,那我们能开始新的学习内容了吗?"张生的学习热情依然没有减退。

经过一番休息之后,李伯的精力也得到了恢复。便开口对张生说道:"那我们接下来就开始讨论资产负债表中负债类以及各个科目的含义吧!"

张生点点头,以示同意。

"在前面我们曾经讲过,负债是指企业过去的交易或者事项形成的、预期会导致经济利益流出企业的现时义务。"李伯放下手中的茶杯,停顿下来整理了一下思路,然后慢慢地说道,"负债实质上是企业在一定时期之后必须偿还的经济债务,其偿还期或具体金额在它们发生或成立之时就已由合同、法规所规定与制约,是企业必须履行的一种义务。"

张生认真地听着李伯的讲解,并不停地做着笔记。

"上市公司在营运中有资金需求时,除了可由股东提供外,也可向银行或

第二章 资产负债表——企业的财务状况

其他机构借贷有一定的利息支付与本金偿还期限的资金,这样就形成了公司的负债。"李伯接着说道。

"李伯,负债有什么特点呢?"张生好奇地问道。

李伯并没有马上回答张生的问题,而是沉思了一会儿,然后说道:"我们可以从4个方面来理解负债的特点:第一,负债是企业承担的现时义务。负债必须是企业承担的现时义务,这是负债的一个基本特征。其中,现时义务是指企业在现行条件下已承担的义务,未来发生的交易或者事项形成的义务,不属于现时义务,企业就不应当将其确认为负债。"

"这里所指的义务可以是法定义务,也可以是推定义务。"李伯接着对上面的内容进行解释,"其中法定义务是指具有约束力的合同或者法律法规规定的义务,通常在法律意义上需要强制执行。例如,企业购买原材料形成应付账款,企业向银行贷入款项形成借款,企业按照税法规定应当交纳的税款等,均属于企业承担的法定义务,需要依法予以偿还。推定义务是指根据企业多年来的习惯做法、公开的承诺或者公开宣布的政策而导致企业将承担的责任,这些责任也使有关各方形成了企业将履行义务解脱责任的合理预期。例如,某企业多年来制定有一项销售政策,对于售出商品提供一定期限内的售后保修服务,预期将为售出商品提供的保修服务就属于推定义务,应当将其确认为一项负债。"

张生停下来点点头,看上去若有所思,好像理解了李伯对负债特点所进行的讲解。

"第二,负债的清偿预期会导致经济利益流出企业。"李伯接着对负债的第二个特点进行讲解,"预期会导致经济利益流出企业也是负债的一个本质特征。只有企业在履行义务时会导致经济利益流出企业的,才符合负债的定义,如果不会导致企业经济利益流出的,就不符合负债的定义。在履行现时义务清偿负债时,导致经济利益流出企业的形式多种多样,例如,用现金偿还或以实物资产形式偿还;以提供劳务形式偿还;部分转移资产、部分提供劳务形式偿还;将负债转为资本等。"

李伯稍微停顿了一下，以便张生做好笔记。

"第三，负债是由过去的交易或事项形成的。负债应当由企业过去的交易或者事项所形成。换句话说，只有过去的交易或者事项才形成负债。企业将在未来发生的承诺、签订的合同等交易或者事项，不形成负债。"

"哦，原来是这样！"张生自言自语道。

"第四，负债以法律、有关制度条例或合同契约的承诺作为依据。负债实质上是企业在一定时期之后必须偿还的经济债务，其偿还期或具体金额在它们发生或成立之时就已由合同、法规所规定与制约，是企业必须履行的一种义务。"李伯对第四个特点进行了介绍。

讲完负债的特点之后，李伯倒了一杯铁观音，细品几口之后，对张生说："下面我们聊聊负债类各个科目的含义吧！"

表2-3　　　　　　　　　　张生笔记

会计科目	含义
流动负债：	
短期借款	是指企业用来维持正常的生产经营所需的资金或为抵偿某项权利而向银行或其他金融机构等外单位借入的、还款期限在一年或超过一年的一个经营周期内的各种借款
交易性金融负债	是指企业采用短期获利模式进行融资所形成的负债，比如应付短期债券
应付票据	是指企业在商品购销活动和对工程价款进行结算因采用商业汇票结算方式而发生的，由出票人出票，委托付款人在指定日期无条件支付确定的金额给收款人或者票据的持票人，它包括商业承兑汇票和银行承兑汇票

应付账款	是指企业因购买材料、商品或接受劳务供应等而发生的债务，这是买卖双方在购销活动中由于取得物资与支付贷款在时间上不一致而产生的负债
预收款项	是指买卖双方协议商定，由购货方预先支付一部分货款给供应方而发生的一项负债，其一般包括预收的货款、预收购货定金。施工企业的预收账款主要包括预收工程款、预收备料款等
应付职工薪酬	是指企业根据有关规定应付给职工的各种薪酬，按照"工资，奖金，津贴，补贴""职工福利""社会保险费""住房公积金""工会经费""职工教育经费""解除职工劳动关系补偿""非货币性福利""其他与获得职工提供的服务相关的支出"等应付职工薪酬项目进行明细核算
应交税费	是指企业根据在一定时期内取得的营业收入、实现的利润等，按照现行税法规定，应交税费是指采用一定的计税方法计提的应交纳的各种税费。
应付利息	是指企业按照合同约定应支付的各种利息，包括吸收存款，分期付息到期还本的长期借款，企业债券等应支付的利息
应付股利	是指企业经股东大会或类似机构审议批准分配的现金股利或利润。企业股东大会或类似机构审议批准的利润分配方案、宣告分派的现金股利或利润，在实际支付前，形成企业的负债
其他应付款	是指企业在商品交易业务以外发生的应付和暂收款项。指企业除应付票据、应付账款、应付工资、应付利润等以外的应付、暂收其他单位或个人的款项
一年内到期的非流动负债	是反映企业各种非流动负债在一年之内到期的金额，包括一年内到期的长期借款、长期应付款和应付债券。
其他流动负债	是指企业不能归属于短期借款、应付短期债券、应付票据、应付账款、应付所得税、其他应付款、预收账款这7款项目的流动负债
流动负债合计	流动负债各科目的合计金额
非流动负债:	

长期借款	是指企业向银行或其他金融机构借入的期限在一年以上（不含一年）或超过一年的一个营业周期以上的各项借款
应付债券	是指企业依照法定程序发行，约定在一定期限内还本付息的有价证券
长期应付款	是指企业在较长时间内应付的款项，而会计业务中的长期应付款是指除了长期借款和应付债券以外的其他多种长期应付款
专项应付款	是指企业接受国家拨入的具有专门用途的款项所形成的不需要以资产或增加其他负债偿还的负债
预计负债	是指企业根据或有事项等相关准则确认的各项预计负债，包括对外提供担保、未决诉讼、产品质量保证、重组义务以及固定资产和矿区权益弃置义务等产生的预计负债
递延所得税负债	是指企业根据应税暂时性差异计算的未来期间应付所得税的金额
其他非流动负债	是指反映企业除长期借款、应付债券等项目以外的其他非流动负债
非流动负债合计	非流动负债各科目的合计金额
负债合计	是指企业所承担的能以或将以资产或劳务偿还的债务，偿还形式包括货币、资产或提供劳务

经过李伯的一番讲解之后，张生又写了满满的几页笔记。突然，有一丝疑云爬上了张生的脑海，他开口问道："李伯，若是企业要确认一项负债，它需要考虑的因素有哪些呢？"

李伯看着这个勤奋努力的小伙子又来了兴致，回答说："企业在确认一项负债时，一般要考虑3个要素：第一，应明确负债的根本性质。负债的根本性质应该是一种清偿责任，它不仅包括过去事项和交易所形成的现时义务，而且包括某种将来的业务结算。这种将来的业务结算必须为法律和其他强制性约束所规限。"

"第二，通过清算这一特征将负债与非负债区别开来。"李伯接着进行解答："企业的资金来自3类个体，即企业所有者之外的个体、所有者及企业主体自身。第一类个体提供资金的基本特征在于需要清算，即在可合理预见的将来，企业需要用一定手段清算这部分资金来源。所有者以资本形式提供资金的目的在于获得持续的投资利益，该类资金的基本特征不在于清算。企业主体通过经营盈利形成的资金来源最终将为所有者拥有，也不强调资金的清算。可见，负债是需要清算的而非负债是不需要清算的。"

张生点点头，明白了一些问题。

"第三，对负债具体特征的必要说明。负债清算手段应包括转移资产、提供劳务及发行权益证券3类。但对于以发行权益证券方式进行清算的资金来源项目应作具体分析。若用于清算的权益证券导致该项目实质上体现了资金提供者与企业的所有权关系，则该项目不应作为负债；若实质上未体现所有权关系，则该项目在清算前应列为负债。至于判断所有权关系的标准，正如前面所述，如果资金提供者也是风险承担者，就说明其所有权关系的存在。"

张生脑中的疑云逐渐散开，心中的疑团得到了解答。

第四节 所有者权益类各项

经过两次的学习，资产负债表上未讲解的科目已所剩无几，张生急切的心情也放松下来。回头又看到了李伯家阳台上的兰花，不禁产生了兴趣。于是开口问道："李伯，您家的兰花属于什么品种呀？开得那么好看。"

李伯顺着张生的目光望了过去，然后笑了笑说："哦，那是春兰，是托朋友从浙江带过来的。花期快过了，所以没有前段时间开的那么好了。"

张生之前只是听别人说，王者之香——兰花，香气独特较为名贵，没想到今日一见还真不是虚言。

李伯见张生较为喜爱这兰花，便说道："小伙子，若是喜欢养这花，回头让我朋友给你带一盆？"

张生连连摆手说道："李伯，你的好意心领了。但我真的不懂得如何侍弄。闲暇之时来您这观赏一番就好了。"

"既然如此，就不强求了。那就欢迎你经常过来赏花。"李伯笑着回答道。

李伯给张生倒了一杯清茶，然后说道："咱们已经学习了资产负债表的资产类科目和负债类科目的含义了，余下的只有所有者权益（或股东权益）类的了。待会我们再讨论一下有关所有者权益及其各个科目的内容吧！"

张生边点头，边端起茶杯细细地品上一口，一股清香又一次荡漾在他的口腔里。

喝过这杯清茶之后，张生重新拿起笔来，为接下来的学习做好了准备。

"所有者权益（或股东权益）是指企业资产扣除负债后由所有者享有的剩余权益，包括实收资本（或股本）、资本公积、盈余公积和未分配利润。在股份制企业里，所有者权益又称为股东权益。"李伯看到张生已做好了学习准备，便开始对资产负债表中所有者权益的含义进行讲解。

"所有者权益（或股东权益）是企业投资人对企业净资产的所有权，它受企业总资产和总负债变动的影响而发生增减变动。所有者权益包含所有者以其出资额的比例分享企业利润。与此同时，所有者也必须以其出资额承担企业的经营风险。所有者权益还意味着所有者有法定的管理企业和委托他人管理企业的权利。"李伯接着对所有者权益进行补充。

"那分析企业的所有者权益（或股东权益）对投资者有什么作用呢？"张生问到。

"所有者权益（或股东权益）是一个很重要的财务指标，它反映了企业的自有资本。当所有者权益小于零时，企业就陷入了资不抵债的境地，这时，企业的所有者权益便会消失殆尽。如果实施破产清算，所有者（股东）将一无所有。相反，所有者权益金额越大，该企业的实力就越雄厚。"李伯解释说。

张生似乎不是太理解李伯所讲的内容，于是问道："李伯，所有者权益（或股东权益）与负债有什么区别呢？"

听到这个问题，李伯停下来想了一下，然后说道："企业的所有者和债权人均是企业资金的提供者，因而所有者权益和负债（债权人权益）二者均是对企业资产的要求权利，但是二者之间也存在着明显的区别。"

"两者的区别主要有4点。"李伯接着说道，"第一，所有者权益在企业经营期内可供企业长期、持续地使用，企业不必向投资人返还资本金。而负债则须按期返还给债权人，成为企业的负担。第二，企业所有者凭其对企业投入的资本，享受税后分配利润的权利。所有者权益是企业分配税后净利润的主要依据，而债权人除按规定取得利息外，无权分配企业的盈利。第三，企业所有者有权行使企业的经营管理权，或者授权管理人员行使经营管理权。但债权人并没有经营管理权。第四，企业的所有者对企业的债务和亏损负有无限的责任或有限的责任，而债权人对企业的其他债务不发生关系，一般也不承担企业的亏损。"

张生对以上的内容做着记录，看来这次对所有者权益（或股东权益）与负债的区别有所理解了。

李伯倒了一杯清茶，然后慢慢地拿到嘴边品上一口，看得出他对这清茶很是喜爱。

"李伯，所有者权益（或股东权益）都有哪些类别呀！"张生想开始新内容的学习。

"按照不同的标准，可以对所有者权益（或股东权益）进行不同的分类，下面我们就讨论一下这个问题。"李伯回答说。

"所有者权益按其经济内容划分，可分为投入资本、资本公积、盈余公积和未分配利润4种。"李伯说道。

张生赶忙在笔记本上记下，生怕错过重要的内容。

"投入资本是投资者实际投入企业经济活动的各种财产物资，包括国家投资、法人投资、个人投资和外商投资。国家投资是有权代表国家投资的部门或者机构以国有资产投入企业的资本；法人投资是企业法人或其他法人单位以其依法可以支配的资产投入企业的资本；个人投资是社会个人或者本企业内部职工以其合法的财产投入企业所形成的资本；外商投资是国外投资者以及我国香港、澳门和台湾地区投资者投入的资本。"李伯解释说。

"李伯，那资本公积是什么含义呀？"张生紧接着对资本公积提出了疑问。

"资本公积是通过企业非营业利润所增加的净资产，包括接受捐赠、法定财产重估增值、资本汇率折算差额和资本溢价所得的各种财产物资。"李伯对资本公积的含义进行了解释。又接着说道，"接受捐赠是指企业因接受其他部门或个人的现金或实物等捐赠而增加的资本公积；法定财产重估增值是指企业因分立、合并、变更和投资时资产评估或者合同、协议约定的资产价值与原账面净值的差额；资本汇率折算差额是指企业收到外币投资时由于汇率变动而发生的汇兑差额；资本溢价是指投资人缴付的出资额超出其认缴资本金的差额，包括股份有限公司发行股票的溢价净收入及将可转换债券转换为股本的溢价净收入等。"

张生认真地听着李伯的讲解，并在笔记本上做着记录。

"盈余公积是指企业从税后净利润中提取的公积金。"李伯接着开始对盈余公积进行讲解，"盈余公积按规定可用于弥补企业亏损，也可按法定程序转增资本金。一般可将盈余公积分为两种：第一种是法定盈余公积。上市公司的法定盈余公积按照税后利润的10%提取，法定盈余公积累计额已达注册资本的50%时可以不再提取。第二种是任意盈余公积。任意盈余公积主要是上市公司按照股东大会的决议提取。法定盈余公积和任意盈余公积的区别就在于其各自计提的依据不同。前者以国家的法律或行政规章为依据提取；后者则由公司自行决定提取。"

张生点了点头，表示理解了以上的内容。

"未分配利润是企业本年度所实现的净利润经过利润分配后所剩余的利润，等待以后分配。如果未分配利润出现负数时，即表示年末未弥补的亏损，应由以后年度的利润或盈余公积来弥补。企业当年实现的利润总额在交完所得税后，其净利润可按以下顺序进行分配：①弥补以前年度亏损；②提取法定盈余公积公益金；③提取任意盈余公积；④分配优先股股利；⑤分配普通股股利。最后剩下的就是年终未分配利润。"李伯对未分配利润进行了讲解。

"李伯，接下来我们学习所有者权益（或股东权益）各个科目的含义吧！"张生想开始新内容的学习。

"好，那我们就开始学习所有者权益（或股东权益）各个科目的含义吧！"李伯回答说。

表2-4　　　　　　　　　张生笔记

会计科目	含义
所有者权益（或股东权益）：	
实收资本（或股本）	是指投资者作为资本投入企业的各种财产，是企业注册登记的法定资本总额的来源，它表明所有者对企业的基本产权关系。实收资本的构成比例是企业据以向投资者进行利润或股利分配的主要依据
资本公积	是指企业在经营过程中由于接受捐赠、股本溢价以及法定财产重估增值等原因所形成的公积金。资本公积是与企业收益无关而与资本相关的贷项。资本公积是指投资者或者他人投入到企业、所有权归属于投资者、并且投入金额上超过法定资本部分的资本
减:库存股	是指已经认购缴款，由发行公司通过购入、赠予或其他方式重新获得，可供再行出售或注销之用的股票。库存股股票既不分配股利，又不附投票权，一般只限于优先股，并且必须存入公司的金库
盈余公积	是指企业从税后利润中提取形成的、存留于企业内部、具有特定用途的收益积累。盈余公积是根据其用途不同分为公益金和一般盈余公积两类
未分配利润	是指企业实现的净利润经过弥补亏损、提取盈余公积和向投资者分配利润后留存在企业的、历年结存的利润。它在以后年度可继续进行分配，在未进行分配之前，属于所有者权益的组成部分
所有者权益（或股东权益）合计	是指企业投资人对企业净资产的所有权

经过一番讲解之后，张生对所有者权益（或股东权益）各个科目的具体内容有了一定的了解。并做了详细的笔记，心里想道：这一日可是收获颇丰呀！

就在他以为所有内容都学习完毕之时，李伯突然开口对他说道："小伙子，还有点时间，接下来我们再讨论一下所有者权益（或股东权益）的确认问题。"

张生一拍脑门，心想，"是呀！这个问题还没有学习呢！"于是赶快拿起笔来，准备进行记录。

"所有者权益（或股东权益）体现的是所有者在企业中的剩余权益，因此，

所有者权益的确认主要依赖于其他会计要素,尤其是资产和负债的确认;所有者权益金额的确定也是主要取决于资产和负债的计量。"李伯开始对所有者权益进行讲解。

张生边做着笔记边进行思考,想尽自己最大的能力理解李伯所讲解的内容。

"所有者权益(或股东权益)反映的是企业所有者对企业资产的索取权,负债反映的是企业债权人对企业资产的索取权,两者在性质上有本质区别。"李伯接着补充说,"因此,企业在会计确认,计量和报告中应当严格区分负债和所有者权益,以如实反映企业的财务状况,尤其是企业的偿债能力和产权比率等。在实务中,企业某些交易或者事项可能同时具有负债和所有者权益的特征,在这种情况下,企业应当将属于负债和所有者权益的部分分开核算和列报。例如,企业发行的可转换公司债券,企业应当将其中的负债部分和权益性工具部分进行分拆,分别确认负债和所有者权益。"

看到张生做完笔记之后,李伯笑笑说:"小伙子,到现在为止,有关企业资产负债表的内容基本上都讨论完了,还有什么不明白的地方吗?"

张生翻了翻自己的笔记本,然后说:"暂时应该是没有了,回头如果有哪些问题,我再来向您请教吧!"

第三章

利润表——企业经营业绩的体现

张生翻看着自己的学习笔记，感到在这段时间学到了很多东西。同时，也由衷的感谢李伯不吝赐教。不过他也明白，虽然财务报告的资产负债表已经全部讲授完毕，但其中的真正内涵他还并没有完全的掌握。所以，以后对这些内容还应该时常地复习。

李伯给张生倒了一杯清茶，然后说道："小伙子，虽然资产负债表已经讲完了，但是要真正的掌握运用，怕是以后除了经常的复习之外，还要在投资中加以实践才行。"

看来李伯也想到了这个问题，这一番话显示出了一位老者对后辈的关爱。

张生点点头，显然他明白李伯的一番苦心。拿起茶杯品了一口清茶，然后说道："多谢李伯的教诲。我回去之后一定会时常复习，并把这些知识运用到实践当中。"

李伯笑了笑，然后抬起左臂，看了看腕上的手表，之后对张生说："我看还有些时间，不要把这些时间浪费了。咱们再聊聊上市公司的利润表吧！"

听到此处张生心里自然非常感激,连连对李伯道谢。心想:"李伯这么热心待人,以后一定得好好谢谢人家。否则,自己心里都觉得过不去。"

张生心里边想边翻开笔记本,打开新的一页开始准备对上市公司的利润表进行学习。

第三章 利润表——企业经营业绩的体现

第一节 利润表的结构

李伯给自己倒了一杯清茶，然后拿起茶杯品了一口，慢慢地说道："前面我们已经提到过，利润表是反映企业在一定会计期间经营成果的报表。由于它反映的是某一期间的情况，所以，其又被称为动态报表、损益表或收益表。"

张生点点头，表示理解了利润表的含义。

"投资者通过利润表，可以了解企业一定会计期间的收入实现情况，即实现的主营业务收入有多少、实现的其他业务收入有多少、实现的投资收益有多少、实现的营业外收入有多少等。也可以了解一定会计期间的费用耗费情况，即耗费的主营业务成本有多少、主营业务税金有多少、营业费用、管理费用、财务费用各有多少、营业外支出有多少等。还可以了解企业生产经营活动的成果，即净利润的实现情况，据以判断资本保值、增值的情况等。"李伯接着对利润表进行讲解。

张生飞快地记录着，生怕遗漏了重要的内容。

"分析者可以将利润表中的信息与资产负债表中的信息相结合，得到进行财务分析的基本资料，如将赊销收入净额与应收账款平均余额进行比较，计算出应收账款周转率；将销货成本与存货平均余额进行比较，计算出存货周转率；将净利润与资产总额进行比较，计算出资产收益率等，可以表现企业资金周转情况以及企业的盈利能力和水平，便于会计报表使用者判断企业未来的发展趋势，作出投资决策。"李伯接着补充道。

"李伯，这些内容是不是就涉及对财务指标的分析了？"张生对这些新内容感到好奇。

李伯笑笑说:"对的,小伙子看来你的知识面还是比较广的嘛!还对财务指标有一定了解?"

张生不好意思地挠挠头说:"您夸奖了,以前只是听我的同事们说起过而已。"

"谦虚了!好了,我们言归正传,接着讨论利润表。"李伯说道,"利润表是根据'收入-费用=利润'的基本关系来编制的,其具体内容取决于收入、费用、利润等会计要素及其内容,利润表项目是收入、费用和利润要素内容的具体体现。从反映企业经营资金运动的角度看,利润表是一种反映企业经营资金动态表现的报表,主要提供有关企业经营成果方面的信息。"

"李伯,您能给我讲讲利润表的具体作用吗?"张生停下手中的笔问道。

"好的,利润表的具体作用大概有4个。"李伯回答说,"第一,对于企业的管理人员来说,可以根据利润表作出经营决策。企业的管理层可以通过比较和分析利润表中各种构成要素,知悉各项收入、成本、费用与收益之间的消长趋势。同时,发现各方面工作中存在的问题,进而揭露缺点,找出差距,改善经营管理水平,努力增收节支,作出合理的经营决策。"

张生集中精力听着李伯的讲解,并且记录下其所讲的内容,以解答自己心中的疑惑。

"第二,报表使用者可以根据利润表解释、评价和预测企业的经营成果和获利能力。"李伯开始讲解利润表的第二个作用,"经营成果通常是指以营业收入、其他收入抵扣成本、费用、税金等的差额所表示的收益信息。经营成果是一个绝对值指标,可以反映企业财富增长的规模。获利能力是一个相对值指标,它指企业运用一定经济资源(如人力、物力)获取经营成果的能力。在这里,经济资源可以因报表使用者的不同需要而有所区别,可以是资产总额、净资产,可以是资产的耗费(成本或费用),还可以是投入的人力(如职工人数)。因而,衡量获利能力的指标包括资产收益率、净资产(税后)收益率、成本收益率以及人均实现收益等指标。经营成果的信息直接由利润表反映,而获利能力的信息除利润表外,还要借助于其他会计报表和注释附表才能得到。"

李伯端起茶杯喝了一口清茶,又接着说道:"同时,报表使用者通过比较和分析同一企业在不同时期,或不同企业在同一时期的资产收益率、成本收益率等指标,能够揭示利润表的企业利用经济资源的效率;通过比较和分析收益信息,可以了解某一企业收益增长的规模和趋势。根据利润表所提供的经营成果信息,股东、债权人和管理部门也可解释、评价和预测企业的获利能力,据以对是否投资或追加投资、投向何处、投资多少等问题作出决策。"

由于利润表的这个作用的内容较多,张生一时不能完全理解李伯所讲的这些内容,但他并没有打断李伯的讲授,还是觉得先做好笔记,以后再慢慢理解学习。

李伯也知道张生一时难以接受这么多内容,给他倒了杯清茶说道:"小伙子,先喝杯茶休息一下吧。"

张生拿起茶杯一饮而尽,然后对李伯说:"没关系的李伯,咱们接着开始吧!"

"那好,咱们接着讨论利润表的第三个作用。"李伯说道,"第三,报表使用人可以根据利润表解释、评价和预测企业的偿债能力。偿债能力是指企业以资产清偿债务的能力。利润表本身并不提供偿债能力的信息,然而企业的偿债能力不仅取决于资产的流动性和资本结构,也取决于获利能力。企业在个别年份获利能力不足,不一定影响偿债能力,但若一家企业长期丧失获利能力,则资产的流动性必然由好转坏,资本结构也将逐渐由优变劣,陷入资不抵债的困境。因而一家数年收益很少,获利能力不强甚至亏损的企业,通常其偿债能力也不会很强。"

讲到此处时,李伯停顿了一会,以便张生有时间去思考理解他所讲的内容。

"债权人和管理部门通过分析和比较利润表的有关信息,可以间接地解释、评价和预测企业的偿债能力，尤其是长期偿债能力，并揭示其偿债能力的变化趋势，进而作出各种信贷决策和改进企业管理工作的决策。"李伯接着对利润表的作用进行解释，"比如，债权人可据以做出维持、扩大或收缩现有信贷规模，应提出何种信贷条件等。管理部门则可据以找出偿债能力不强的原因，努力提高企业的偿债能力，改善企业的公共形象。"

张生抬起头看看李伯，笑着说："哦，这个作用比较容易理解。那第四个作用呢？"

"第四，可以根据利润表评价和考核管理人员的绩效。"李伯回答说，"比较前后各期利润表上的各项收入、费用、成本及收益的增减变动情况，并查考其增减变动的原因，可以较为客观地评价各职能部门，各生产经营单位的绩效，以及这些部门和人员的绩效与整个企业经营成果的关系，以便评判各部门管理人员的功过得失，及时作出采购、生产销售、筹资和人事等方面的调整，使企业的各项活动趋于合理。"

张生飞快地做着笔记并且连连点头，似乎明白了李伯所讲述内容的含义。

"利润表的所有作用到这里就都讲完了。"李伯总结说，"但还有一点需要特别强调，利润表上述重要作用的发挥，与利润表所列示信息的质量直接相关。利润表信息的质量取决于企业在收入确认、费用确认以及其他利润表项目确定时所采用的方法。由于会计程序和方法的可选择性，企业可能会选用对其有利的程序和方法，从而导致收益偏高或偏低。例如，在折旧费用、坏账损失和已售商品成本等方面都可按多种会计方法计算，产生多种选择，影响会计信息的可比性和可靠性。另一方面，利润表中的信息表述的是各类业务收入、费用、成本等的合计数以及非重复发生的非常项目，这也会削弱利润表的重要作用。"

"哦，我会注意这一点的！"张生回答说。

李伯把他教案似的本子翻了一页，然后拿到张生面前说："这就是一张比较完整的上市公司的利润表，不过对于不同行业的上市公司来说，由于行业特点的要求不同，其在编制利润表时可能会对其中的一些科目做一些修改。"

"哦，原来是这样。李伯，利润表的格式只有这一种吗？"张生好奇地问道。

"利润表正表的格式一般有两种：单步式利润表和多步式利润表。"李伯看张生如此好奇，笑着回答说："单步式利润表是将当期所有的收入列在一起然后将所有的费用列在一起两者相减得出当期净损益。而多步式利润表是通过对当期的收入、费用、支出项目按性质加以归类，按利润形成的主要环节列示一些中间性利润指标，比如主营业务利润、营业利润、利润总额和净利润，分步计算当期净损益。在我国，利润表采用多步式。"

张生疑惑地看着这张报表，心想："这上市公司各个时期的收益情况就体现在这张小小的表格上，看来我得花一定的时间好好地学习这张报表呀！"

表3-1　　　　　　　　李伯教案

会企02表		
编制单位：××有限公司	20XX年X月X日	单位：元
项目	本期金额	上期金额
一．营业收入		
减，营业成本		
营业税金及附加		
减，销售费用		
管理费用		
财务费用		
资产减值损失		
加，公允价值变动收益（损失以"-"号填列）		
投资收益（损失以"-"号填列）		
其中，对，联营企业，和，合营企业，的投资收益		
二．营业利润（亏损以"-"号填列）		
加，营业外收入		
减，营业外支出		
其中，非流动资产处置损失		
三．利润总额（亏损总额，以"-"号填列）		
减，所得税费用		

四．净利润（净亏损，以"-"号填列）		
五．每股收益		
（一）基本每股收益		
（二）稀释每股收益		

第二节　收入类各项

李伯倒了一杯清茶并品了一口，然后慢慢地对张生说道："刚才我们已经讲过利润表的编制依据了，那现在我们先从利润表的收入类开始讲起吧！"

张生点头，同意了李伯的提议。

"前面曾经提到过，收入是指企业在日常活动中所形成的、会导致所有者权益增加的、非所有者投入资本的经济利益的总流入。"李伯开始对收入进行讲解，"其包括销售商品收入、劳务收入、让渡资产使用权收入、利息收入、租金收入和股利收入等，但不包括为第三方或客户代收的款项。"

"李伯，这是收入的定义吧？"张生问道。

"是的！"李伯回答说，"企业收入的确认至少应当符合以下条件：①与收入相关的经济利益应当很可能流入企业；②经济利益流入企业的结果会导致资产的增加或者负债的减少；③经济利益的流入额能够可靠计量。"

"李伯，收入可以分成哪些类别呢？"张生完成笔记后，提出了自己的问题。

"按照不同的标准，可以将收入分成不同的类别。"李伯回答说，"若按照企业从事日常活动的性质，可以将收入分为销售收入、提供劳务收入、让渡资产使用权收入和建造合同收入等。若按照企业从事日常活动在企业的重要性，可以将收入分为主营业务收入和其他业务收入。"

"李伯，能给我讲讲这几种收入类型的具体含义吗？"张生又开始好奇起来。

"好的，那我们首先从企业的销售收入开始说起吧！"李伯回答说，"销售

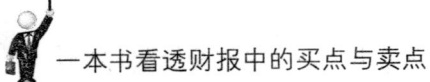

收入是指企业商品产品销售和其他销售所取得的收入。前者的销售收入包括产成品、代制品、代修品、自制半成品和工业性劳务销售收入等。后者的销售收入包括除商品产品销售收入以外的其他销售和其他业务收入，如材料销售收入、包装物出租收入以及运输等非工业性劳务收入。同时，企业的专项工程、福利事业单位使用本企业的商品产品，视同对外销售。"

张生做着笔记，心想："现在对企业的销售收入算是有了一个大概的了解吧！"

"销售收入的发生，是以商品产品所有权的转移和已提供的劳务为依据，其主要标志是收到货款或取得收取款项的权利。"李伯接着对销售收入进行了补充，"在采用分期付款销售的情况下，通常以每期收到的货款作为该期实现的销售收入。对于生产周期较长的商品产品，通常按生产完工程度，分期确认销售收入。例如，建筑安装企业按项目施工工程进度计算的销售收入。"

"当下列条件同时满足时，企业可以确认销售收入：①企业已将商品所有权上的主要风险和报酬转移给购货方；②企业既没有保留通常与所有权相联系的继续管理权，也没有对已售出的商品实施控制；③与交易相关的经济利益能够流入企业；④收入的金额能够可靠地计量；⑤相关的已发生或将发生的成本能够可靠地计量。"

张生完成笔记之后，抬头对李伯说："那提供劳务收入是什么样的收入呀？"

李伯拿起茶杯细品了一口清茶，然后回答说："提供劳务收入是指企业通过提供劳务实现的收入，比如咨询公司提供咨询服务、软件开发企业为客户开发软件、安装公司提供安装服务等实现的收入都属于提供劳务收入。"

"那企业对其提供劳务收入一般是怎么进行确认的呢？"张生急匆匆地问道。

"企业在资产负债表日提供劳务交易的结果能够可靠估计的，应当采用完工百分比法确认提供劳务收入。如同时满足下列条件，则表明提供劳务交易的结果能够可靠地估计：①收入的金额能够可靠地计量；②相关的经济利益很可能流入企业；③交易的完工进度能够可靠地确定；④交易中已发生和将要发生的成本能够可靠地计量。"李伯回答说。

"企业在资产负债表日提供劳务交易的结果不能够可靠估计的，应当分下列情况处理：①已经发生的劳务成本预计全部能够得到补偿的，应按已经收回或预计能够收回的金额确认提供劳务收入，并结转已经发生的劳务成本；②已经发生的劳务成本预计部分能够得到补偿的，应按能够得到补偿的劳务成本金额确认提供劳务收入，并结转已经发生的劳务成本；③已经发生的劳务成本预计全部不能得到补偿的，应将已经发生的劳务成本计入当期损益，不确认提供劳务收入。"李伯又补充说道。

张生点点头，对李伯所讲的内容有了一定的理解。

"下面我们讨论让渡资产使用权收入。"李伯开始对新的内容进行讲解。

"让渡资产使用权收入是企业收入的重要来源之一。让渡资产使用权收入主要包括：①利息收入，主要是指金融企业对外贷款形成的利息收入，以及同业之间发生往来形成的利息收入等；②使用费收入，主要是指企业转让无形资产（如商标权、专利权、专营权、软件、版权）的使用权形成的使用费收入。企业对外出租资产收取的租金、进行债权投资收取的利息、进行股权投资取得的现金股利，也构成让渡资产使用权收入。"

"那企业对让渡资产使用权收入是怎么进行确认的呢？"张生好奇地问道。

"一般满足两个条件，企业就可以对让渡资产使用权收入进行确认。"李伯回答说，"①与交易相关的经济利益能够流入企业。企业应根据对方的信誉情况、当年的效益情况以及双方就结算方式、付款期限达成的协议等方面进行判断。如果企业估计收入收回的可能性不大，就不应确认收入。②收入的金额能够可靠地计量。利息收入根据合同或协议规定的存、贷款利率确定；使用费收入按企业与其资产使用者签订的合同或协议确定。当收入的金额能够可靠地计量时，

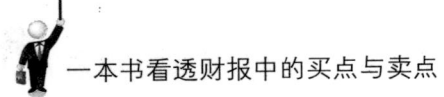

企业才能进行确认。"

张生满意地把以上的内容记录在了笔记本上，看来李伯的讲解回答了他的疑问。

"李伯，给我讲讲建造合同收入的具体含义吧！"张生完成笔记之后，抬起头来对李伯说道。

"好的，我们还是先从定义入手。"李伯笑着说。

"建造合同收入，是指企业承担建造合同所形成的收入。其应于完成合同规定的工程进度或工程阶段，与发包单位进行工程价款结算时，确认为工程收入的实现。"李伯开始对企业的建造合同收入进行讲解。

"建造合同收入具体分为3种情况：第一种，实行合同完成后一次结算工程价款办法的工程合同，应于合同完成，施工企业与发包单位进行工程结算时，确认为收入实现，实现的收入额为承包双方结算的合同价款总额。"李伯接着对建造合同收入进行补充，"第二种，实行旬末或月中预支，月终结算，竣工后清算办法的工程合同，应分期确认合同价款收入的实现，即：各月份终了，与发包单位进行已完工程价款结算时，确认为承包合同已完工部分的工程收入实现，本期收入额为月终结算的已完工程价款金额。第三种，实行按工程形象进度划分不同阶段、分段结算工程价款办法的工程合同，应按合同规定的形象进度分次确认已完阶段工程收益实现。"

张生听到这里感觉有些内容不是很理解，但还是先把李伯讲解的内容记录了下来。

李伯拿起茶杯细品了几口，连续地讲授对他来讲也消耗了一定的精力，所以在讲完建造合同收入之后，并没有马上开始新的内容。他停下来整理了一下思路，为后面的讲授做准备。

张生完成笔记之后，问李伯说："李伯，下面我们是不是该学习主营业务收入和其他业务收入了？"

李伯笑了笑，看着张生说："是的，看来你的笔记做得很认真呀，这样的精

神很好呀！"

张生笑了笑，说道："您夸奖了！"

"主营业务收入，是指企业从事某种主要生产、经营活动所取得的营业收入。主营业务收入是企业经常性的、主要业务所产生的基本收入，如制造业的销售产品、非成品和提供工业性劳务作业的收入；商品流通企业的销售商品收入；旅游服务业的门票收入、客户收入和餐饮收入等。"李伯开始对主营业务收入进行讲授。

张生明白，李伯现在所讲的是主营业务收入的基本定义，这样可以为以后的学习打下基础。

"主营业务收入在各行业会计制度中的叫法不同，但一律按各行业会计制度或报表定义的口径进行填报，其中农业企业是指'主营业务收入'；工业企业是指'产品销售收入'；交通运输企业是指'主营业务收入'；建筑企业是指'工程结算收入'；批发及零售贸易企业是指'商品销售收入'；房地产企业是指'房地产经营收入'；其他企业是指'经营（营业）收入'。"李伯举例说道。

"企业主营业务收入的确定，应遵循权责发生制的原则。企业应当在发生商品，提供劳务，同时收讫价款或取得索取价款的凭据时，确认主营业务收入的实现。"李伯接着补充说。

"其他业务收入又是什么含义呢？"张生说。

"其他业务收入是指企业主营业务收入以外的，所有通过销售商品、提供劳务收入及让渡资产使用权等日常活动中所形成的经济利益的流入。"李伯停顿了一下然后解释道，"比如，材料物资及包装物销售、无形资产使用权实施许可、固定资产出租、包装物出租、运输、废旧物资出售收入等。其他业务收入是企业从事除主营业务以外的其他业务活动所取得的收入，具有不经常发生、每笔业务金额一般较小、占收入的比重较低等特点。"

张生点了点头，理解了其他业务收入的含义。

"需要注意的是，其他业务收入在进行会计处理时常常有一些弊端。"李伯表情严肃地说，"比如，其他业务收入在入账时间有提前或拖后的情况。有的企业往往在月末或年末，为完成利润指标，掩饰亏损，而把应在下月或下年度入账的收入列入本期。有的企业对已实现的收入长时间不入账（尤其是现金收入）。这样，一方面会造成当月利润不实；另一方面也容易造成个人挪用、贪污或形成'小金库'。"

张生有点吃惊，显然他对这些内容并不了解。

"再比如，还有其他业务收入入账金额不准确，漏记、虚增、隐瞒其他业务收入的情况。有的企业多列或虚列固定资产出租、包装物出租等其他业务收入，从而以此达到虚增利润的目的。有的企业少计或不计其他业务收入（尤其是一些不经常发生的收现业务），从而达到隐瞒利润，私设'小金库'，或个人贪污、挪用的目的。有些企业为了达到少交税金的目的，甚至还把产品商品销售收入列入其他业务收入中。"李伯无奈地摇摇头说。

"那这样会计信息岂不是会失真，投资者也会做出错误的判断？"张生惊恐地问道。

"对呀！"李伯回答说，"所以，我们在进行投资之前，应该学会读懂财务会计报告呀！"

李伯拿起茶杯品了一口，然后说道："说得有点远啦！我们还是回到原来的话题吧！"

"好的，李伯给我讲讲收入的特征吧！"张生说。

"收入的特征主要有以下几点。"李伯回答说，"①收入从企业的日常活动中产生，而不是从偶发的交易或事项中产生；②收入必然能导致企业所有者权益的增加；③收入是与所有者投入无关的经济利益的总流入；④收入可能表现为企业资产的增加或企业负债的减少，或者二者兼而有之；⑤收入只包括本企业经济利益的流入，不包括为第三方或客户代收的款项。"

第三章 利润表——企业经营业绩的体现

张生用心记着笔记,同时也理解着李伯所讲述的有关收入的特征的主要含义。

"到现在为止,有关于收入类的内容基本上就算是讲完了。"李伯说道,"在以后的运用中,若是遇到什么不理解的问题,我们再接着讨论。"

"好的。"张生回答说,"李伯,下面我们该讲利润表的成本费用类了吧?"

李伯给张生倒了一杯清茶,然后慢慢地说道:"不用着急,先喝了这杯茶休息一下吧!"

一本书看透财报中的买点与卖点

第三节　成本费用类各项

张生喝了一杯清茶，休息片刻之后，又来了精神。然后对李伯说道："李伯，我休息得差不多了。"

"那好，我们开始讨论利润表成本费用类的含义及其各个科目的具体应用。"

张生点点头，集中精神准备开始听讲。

"前面已经讲过，就一般意义而言，成本费用泛指企业在生产经营中所发生的各种资金耗费。企业的成本费用，就其经济实质来看，是产品价值构成中c+v两部分价值的等价物，用货币形式来表示，也就是企业在产品经营中所耗费的资金的总和。"李伯开始了对成本费用类的讲解。

"李伯，我们研究企业的成本费用到底有什么样的作用呢？"张生不解地问到。

"研究企业成本费用的作用主要体现在以下4个方面。"李伯回答说，"①成本费用是反映和监督劳动耗费的工具；②成本费用是补偿生产耗费的尺度；③成本费用可以综合反映企业工作质量，是推动企业提高经营管理水平的重要杠杆；④成本费用是定制产品价格的一项重要依据。"

张生点点头，又开口问道："李伯，这成本费用类主要包括什么科目呀？"

"主要有这么几项：主营业务成本、其他业务成本、销售费用、管理费用、财务费用、营业外支出等。"李伯回答说。

"那您能给我讲讲这几项的具体含义吗？"张生有些不好意思地问道。

"可以呀，那我们先从主营业务成本讲起吧！"李伯回答说，他乐意帮这个

年轻人答疑解惑。

"主营业务成本是指企业生产和销售与主营业务有关的产品或服务所必须投入的直接成本，主要包括原材料、人工成本（工资）和固定资产折旧等。"李伯讲解道，"'主营业务成本'科目用于核算企业因销售商品、提供劳务或让渡资产使用权等日常活动而发生的实际成本。'主营业务成本'账户下应按照主营业务的种类设置明细账，进行明细核算。期末，应将该账户的余额转入'本年利润'账户，结转后该账户应无余额。"

"李伯，在实际分析该科目时，我们应该注意些什么问题呀？"张生问道。

李伯停顿下来，认真地思考了一会，然后开口对张生慢慢地说道："首先，投资者要明确企业主营业务成本的构成和各部分比例。其次，要逐项判断主要成本构成的变化趋势，如对于制造行业而言，人工和折旧成本通常变化不大，原材料和零部件采购成本就是重点分析对象。再次，占电缆行业主营业务成本近2/3的精铜价格即便有10%的波动也会对利润有重大影响。公司可以通过规模效应和内部控制来有效降低主营业务成本。"

张生听到这里，心想："原来可以对企业的主营业务成本进行这样的分析，如此就可以合理地进行投资决策了。"

"李伯，其他业务成本又怎么去理解呢？"张生问道，显然他想学习新的内容。

"哦，这个科目比较简单。"李伯回答说，"其他业务成本，是指企业转让无形资产、出租固定资产、出售材料的实际成本，企业从事其他多种经营，加工业生产、商业贸易、运输和服务等也应纳入其他业务成本进行管理。"

"在具体会计操作中，其他业务成本需要注意这么几点。"李伯接着对其他业务成本进行补充，"①本科目核算企业确认的除主营业务活动以外的其他经营活动所发生的支出，包括销售材料的成本、出租固定资产的折旧额、出租无形资产的摊销额、出租包装物的成本或摊销额等；②本科目可按其他业务成本的种类进行明细核算；③企业发生的其他业务成本，借记本科目，贷记'原材料''周转材料''累计折旧''累计摊销''应付职工薪酬''银行存款'等科目；④期末，应将本科目余额转入'本年利润'科目，结转后本科目无余额。"

张生听完之后皱着眉头，感觉有点晕，也许是不太明白企业会计的账务处理吧！

李伯也许明白了张生心中的疑问，然后对他说道："有关会计的账务处理不是我们要关注的重点，理解财务报表上各个科目及其背后的含义才是最重要的。不过若是有多余的时间，也可以深入地去研究一下企业会计做账的过程。"

张生点点头，关于其他业务成本的含义他还是理解的。

"李伯，下面我们该学习销售费用这个科目了吧？"张生很快地转换状态，准备开始学习新的内容。

"是的。"李伯回答说，"销售费用是指企业在销售产品、自制半成品和提供劳务等过程中发生的费用，包括由企业负担的包装费、运输费、广告费、装卸费、保险费、委托代销手续费、展览费、租赁费（不含融资租赁费）和销售服务费、销售部门人员工资、职工福利费、差旅费、办公费、折旧费、修理费、物料消耗、低值易耗品摊销以及其他经费等。销售费用是企业销售成本的组成部分。"

"销售费用的预算可以分为变动性销售费用预算和固定性销售费用预算。"李伯停顿了一下，然后接着对销售费用进行讲解，"变动性销售费用是指企业在销售产品过程中发生的与销售量成正比例变化的各项经费，例如委托代销手续费（代理商佣金）、包装费、运输费和装卸费等。"

"李伯，那固定性销售费用的含义具体是指什么呢？"张生不解地问道。

"固定性销售费用是指企业在销售产品的过程中不随产品销售量的变化而变化的各项费用。"李伯又接着解释说道，"这些费用是相对固定的，也可以分为约束性固定销售费用和酌量性固定销售费用。约束性固定销售费用具体包括租赁费、销售人员的工资、办公费、折旧费等；酌量性固定销售费用具体包括销售促

第三章 利润表——企业经营业绩的体现

销费、销售人员的培训费等。"

张生点点头,飞快地在笔记本上记下以上的内容。

张生完成笔记之后,抬起头看了看李伯,表示可以接着进行下面的学习内容了。

"那我们开始讲解管理费用吧!"李伯说。

张生点点头,表示同意李伯的提议。

"管理费用是指企业的行政管理部门为管理和组织经营而发生的各项费用,其中包括管理人员工资和福利费、公司一级折旧费、修理费、技术转让费、无形资产和递延资产摊销费及其他管理费用(办公费、差旅费、劳保费、土地使用税等)。"李伯开始对管理费用进行讲解。

"管理费用是期间费用的一种,它主要是指企业行政管理部门为组织和管理生产经营活动而发生的各种费用。具体包括的项目有:工资福利费、折旧费、工会费、职工教育经费、业务招待费、房产税、车船使用税、土地使月税、印花税、技术转让费、无形资产摊销、咨询费、诉讼费、坏账损失、公司经费、劳动保险费、董事会会费等。"李伯对管理费用又补充说道,"为了核算和监督管理费用的发生和结转情况,企业应设置'管理费用'科目。该科目的借方登记企业发生的各项管理费用,贷方登记月末转入'本年利润'科目的管理费用,月末一般应无余额。"

张生边做着笔记,边心里想:"这个科目可以核算的费用有这么多呀,我若是公司里的会计,一定会被烦死的。"

没过多久,张生完成了刚才的笔记,看了看自己所记录的内容有一种非常充实的感觉。

"接下来我们讨论财务费用。"李伯说道。

"好的。"张生回答说,同时做好了记录的准备。

"财务费用是指企业在生产经营过程中为筹集资金而发生的筹资费用。"李伯开始了对财务费用的讲解,"该科目主要包括企业生产经营期间发生的利息支出（减利息收入）、汇兑损益（有的企业如商品流通企业、保险企业进行单独核算，不包括在财务费用）、金融机构手续费、企业发生的现金折扣或收到的现金折扣等。但在企业筹建期间发生的利息支出，应计入开办费；为购建或生产满足资本化条件的资产发生的应予以资本化的借款费用，在'在建工程''制造费用'等账户核算。"

张生望着李伯点了点头，似乎这次他对会计的账务处理有了一定的理解。

"企业一般可以通过这些途径减少其财务费用。"李伯接着对财务费用进行补充说，"第一，充分利用商业汇票的优点，灵活安排资金的用途。第二，加速应收款项的回收速度，减少资金占用。第三，力争现金流量同步，减少资金沉淀。第四，合理利用现金浮游量，减少财务费用。第五，压缩企业的贷款规模。"

"李伯，企业减少其财务费用是不是会对其日常的经营活动产生良好的影响呀？"张生问到。

"这是肯定的。"李伯回答说，"企业降低其财务费用之后，便可以节约一定的成本，从而减轻其日常经营活动的负担，同时也提高了企业自身的竞争力。"

"李伯，我们该讲营业外支出这个科目了吧？"张生听完李伯对财务费用的讲解之后问道。

"好，接下来我们讨论营业外支出这个科目。"李伯笑了笑，然后回答说。

"营业外支出是指企业发生的与其生产经营无直接关系的各项支出，如固定资产盘亏、处置固定资产净损失、出售无形资产损失、债务重组损失、计提的固定资产减值准备、计提的无形资产减值准备、计提的在建工程减值准备、罚款支出、捐赠支出、非常损失等。"李伯开始对营业外支出这个科目进行讲解。

"企业应设置'营业外支出'科目来核算其发生的各项营业外支出。"李伯接着说道，"营业外支出可按支出项目进行明细核算，所以支出项目可做二级科目。比如：①固定资产盘亏；②处置固定资产净损失；③出售无形资产损失；

④债务重组损失;⑤计提的固定资产减值准备;⑥计提的无形资产减值准备;⑦计提的在建工程减值准备;⑧罚款支出;⑨捐赠支出;⑩非常损失;⑪赔偿金;⑫违约金等。"

"可是李伯,在刚才的利润表上都没有这些科目呀?"张生不解地问到。

李伯喝了一口清茶,然后笑着说道:"这些科目大多是在企业的会计账簿上进行核算的,一般都不会体现在报表上,所以你刚才没有看到这些科目并不奇怪。"

张生挠挠头,心想,原来如此呀。

"李伯,到现在成本费用类各项的含义都讲完了吧?"张生又接着问道。

"嗯,不过有一点需要补充。"李伯回答说。

张生竖起了耳朵,认真地听着。

"从严格意义上讲,成本与费用是有所区别的。"李伯接着说道,"成本,它往往与一定的对象联系。实质上是某种资产转变为另一种资产。例如,材料的消耗变成了产品。在利润表中,它是以营业成本形式列示的。我们在进行分析时,需要对成本变化的因素进行层层深入地剖析,需要追究是什么原因导致当前成本的变化,对未来会产生何种影响。"

"那费用和成本又有什么不同呢?"张生急切地问道,想马上知道答案。

"费用,往往与一定的期间联系,我们习惯称之为期间费用,它主要包括营业费用、财务费用、管理费用。它们在发生时直接计入当期损益,抵减利润。一般而言,期间费用中固定成本居多。所以,各期的期间费用变动幅度一般不会很大。但若有较大幅度的变动,往往预示着有重大的事项发生。例如,营业费用的剧增,意味着公司销售政策的变化或是某种新产品推广的需要;财务费用的大幅变化,意味着企业大额筹资行为的发生或偿还;管理费用的变化,则可能是人员聘用工资政策调整所致。"

张生做完笔记后,心想:"原来这成本和费用还有这么多区别,我还以为二者代表的含义相同呢!"

第四节 应交税费类各项

讲解完成本费用之后,李伯感觉有些疲劳,所以起身泡了一壶新茶,以缓解倦意。

经过一番的讲解之后,张生也有很多的笔记需要整理,也暂时停止了发问。

没过多久,泡的新茶便飘出一股清香。李伯给张生倒了一杯,同时也为自己倒了一杯。

他端起茶杯,在细品几口之后一饮而尽,顿时感觉神清气爽,倦意顿消。便开口说道,"小伙子,先喝杯茶,休息一下。下面让我们聊一下企业的应交税费类吧!"

"好的,麻烦您了!"张生此刻也整理完了笔记,便满口答应了下来。

张生端起茶杯,细品几口,越发的感觉这茶真是极品,以后自己可以找些,和朋友一起品用。

品完清茶之后,张生开口说道:"李伯,现在可以开始学习应交税费了。"

"应交税费是指企业根据在一定时期内取得的营业收入、实现的利润等,按照现行税法规定,采用一定的计税方法计提的应交纳的各种税费。"李伯笑了笑,继续开始对应交税费进行讲解,"应交税费包括企业依法交纳的增值税、消费税、企业所得税、资源税、土地增值税、城市维护建设税、土地使用税、车船税、教育费附加、矿产资源补偿费等税费,以及在上缴国家之前,由企业代收代缴的个人所得税等。"

"企业的应交税费有这么多种?我只知道企业所得税和个人所得税。"张生吃惊地问道。

第三章 利润表——企业经营业绩的体现

"是的,但不是每个税种企业都要缴纳,企业只需要根据自身的情况缴纳相应的税种。"李伯回答说,"我们先从最主要的增值税开始说起吧!"

张生点点头,同意了李伯的提议。

"增值税是以商品(含应税劳务)在流转过程中产生的增值额作为计税依据而征收的一种流转税。"李伯接着说道,开始了对企业增值税的讲解:"从计税原理上说,增值税是对销售货物或者提供加工、修理修配劳务以及进口货物的单位和个人就其实现的增值额征收的一个税种。实行价外税,也就是由消费者负担,有增值才征税,没增值不征税。"

"增值税已经成为我国最主要的税种之一,增值税的收入占我国全部税收的60%以上,是最大的税种。增值税由国家税务局负责征收,税收收入中75%为中央财政收入,25%为地方收入。进口环节的增值税由海关负责征收,税收收入全部为中央财政收入。"李伯接着对增值税补充道。

"李伯,那企业增值税的税率现在是多少呀?"张生疑惑不解地问到。

"增值税税率分为6档:17%、13%、11%、6%、3%和0。营业税改征增值税之后,应税服务,小规模是3%,一般纳税人是6%。"李伯回答说。

"那消费税的具体含义又是什么呢?"张生很快转换到了下一个税种。

"消费税是对在我国境内从事生产和进口税法规定的应税消费品的单位和个人征收的一种流转税,是对特定的消费品和消费行为在特定的环节征收的一种间接税。"李伯回答说,"消费税主要有以下几个特点:①消费税以税法规定的特定产品为征税对象;②消费税按不同的产品设计不同的税率,同一产品同等纳税;③消费税是价内税,是价格的组成部分;④消费税实行从价定率和从量定额两种计算方法。"

"消费税的税率是多少呀?"张生问到。

"消费税的税率包括比例税率和定额税率两类。"李伯停顿了一下,又接着说,"由于针对不同税目或子目适用不同的税率,消费税的税率档次较为复杂。

多数适用比例税率，成品油税目和甲类、乙类啤酒、黄酒等子目适用定额税率，甲类、乙类卷烟和白酒等同时适用比例税率和定额税率，即复合税率。消费税共设置了11个税目，在其中的3个税目下又设置了13个子目，列举了25个征税项目。实行比例税率的有21个，实行定额税率的有4个。共有14个档次的税率，最低3%，最高45%。"

"纳税人兼营不同税率的应税消费品，应当分别核算不同税率应税消费品的销售额、销售数量。未分别核算的或者将不同税率的应税消费品组成成套消费品销售的，从高适用税率。"李伯又接着对消费税补充说道。

张生点点头，现在他对消费税有了一个初步的认识。

"下面我们聊聊企业所得税。"李伯说道。

张生集中精力，准备学习新的内容。

"企业所得税是指对我国境内的企业（居民企业及非居民企业）和其他取得收入的组织以其生产经营所得为课税对象所征收的一种所得税。"李伯开始对企业所得税进行讲解，"在我国，一般企业所得税的税率为25%的比例税率。"

"哦，看来这企业所得税的税率还是蛮高的。"张生做着笔记，自言自语道。

"其实国家规定了很多税收减免和优惠政策。"李伯笑着说道。"比如，经国务院批准的高新技术产业开发区内的高新技术企业，按15%的税率征收所得税；新办的高新技术企业自投产年度起，免征所得税2年。"

"哦，原来是这样。李伯，那企业所得税的纳税人主要有哪些呀？"张生有些不解地问道。

"企业所得税的纳税人即所有实行独立经济核算的我国境内的内资企业或其他组织，主要包括以下6类：①国有企业；②集体企业；③私营企业；④联营企业；⑤股份制企业；⑥有生产经营所得和其他所得的其他组织。"李伯解释道，"企业所得税的征税对象是纳税人取得的所得。包括销售货物所得、提供劳务所得、转让财产所得、股息红利所得、利息所得、租金所得、特许权使用费所得、接受捐赠所得和其他所得。"

张生记录完上面的内容之后，抬头问道："李伯，资源税是不是对自然资源征收的一种税呀？"

"可以这样说吧！"李伯回答说，"资源税是以各种应税自然资源为课税对象，为了调节资源级差收入并体现国有资源有偿使用而征收的一种税。"

"资源税在理论上可区分为对绝对矿租课征的一般资源税和对级差矿租课征的级差资源税，体现在税收政策上就叫作'普遍征收，级差调节'，即：所有开采者开采的所有应税资源都应缴纳资源税；同时，开采中、优等资源的纳税人还要相应多缴纳一部分资源税。"李伯又接着补充道。

"那这种税收有什么作用呢？"张生问到。

"开征资源税的作用主要有这几个方面。"李伯回答说，①调节资源级差收入，有利于各企业在同一水平上竞争；②加强资源管理，有利于促进企业合理开发和利用；③与其他税种配合，有利于发挥税收杠杆的整体功能；④开征资源税，旨在使自然资源条件优越的级差收入归国家所有，排除因资源优劣造成企业利润分配上的不合理状况。"

"资源税的纳税人为在我国境内开采应税矿产品或者生产盐的单位和个人。在某些情况下，可由收购未税矿产品的单位代为扣缴税款。资源税征税范围为原油、天然气、煤炭、其他非金属矿原矿、黑色金属矿原矿，有色金属矿原矿、盐这7类。"李伯又接着对资源税进行解释道。

张生边做着笔记，边点点头。李伯的讲解似乎已经回答了他心中的疑问。

李伯端起茶杯，品了几口清茶，然后对张生说："下面让我们讨论土地增值税。"

"土地增值税是指转让国有土地使用权、地上的建筑物及其附着物并取得收入的单位和个人，以转让所取得的收入包括货币收入、实物收入和其他收入减除法定扣除项目金额后的增值额为计税依据向国家缴纳的一种税赋,不包括以继承、赠予方式无偿转让房地产的行为。"李伯接着说道。

"李伯,那土地增值税主要有什么特点呢?"张生边做笔记边问道。

"与其他税种相比,土地增值税主要具有4个特点。"李伯回答说,"①以转让房地产的增值额为计税依据。土地增值税的增值额是以征税对象的全部销售收入额扣除与其相关的成本、费用、税金及其他项目金额后的余额,与增值税的增值额有所不同。②征税面比较广。凡在我国境内转让房地产并取得收入的单位和个人,除税法规定免税的外,均应依照土地增值税条例规定缴纳土地增值税。③实行超率累进税率。土地增值税的税率是以转让房地产增值率的高低位依据来确认,按照累进原则设计,实行分级计税,增值率高的,税率高,多纳税;增值率低的,税率低,少纳税。④实行按次征收。土地增值税在房地产发生转让的环节,实行按次征收,每发生一次转让行为,就应根据每次取得的增值额征一次税。"

张生飞快地做着笔记,因为内容较多,所以他要加快做笔记的速度,以免遗漏。

李伯似乎也明白张生需要较多的时间进行记录,所以讲到此处,他也稍作停顿。

过了一会,张生完成了他的笔记。经过这段时间的学习,他也觉得有些劳累,拿起自己的茶杯,细品了几口,然后对李伯说:"李伯,下面我们该学习城市维护建设税了吧?"

"好吧!那下面我们就简单地学习一下城市维护建设税。"李伯回答道。

"城市维护建设税,简称'城建税',是我国为了加强城市的维护建设,扩大和稳定城市维护建设资金的来源,对有经营收入的单位和个人征收的一个税种。它是1984年工商税制全面改革中设置的一个新税种。"李伯开始了对城市维护建设税的讲解。

"城市维护建设税是以纳税人实际缴纳的流通转税额为计税依据征收的一种税,纳税环节确定在纳税人缴纳的增值税、消费税的环节上,从商品生产到消费流转过程中只要发生增值税、消费税的当中一种税的纳税行为,就要以这种税为依据计算缴纳城市维护建设税。"李伯接着补充说,"税率按纳税人所在地分别规定为:市区7%,县城和镇5%,乡村1%。大中型工矿企业所在地不在城市市区、县城、建制镇的,税率为1%。"

张生听到这里,便开口问道,"李伯,那城市维护建设税的本质是否属于一种附加税?"

"可以这样理解。"李伯回答说,"城市维护建设税与其他税种不同,没有独立的征税对象或税基,而是以增值税、消费税实际缴纳的税额之和为计税依据,随'三税'同时附征,本质上属于一种附加税。"

"下面我们简单学习一下土地使用税。"李伯转换了话题,开始了新内容的学习。

张生点点头,同意了李伯的提议。

"土地使用税是指在城市、县城、建制镇、工矿区范围内使用土地的单位和个人,以实际占用的土地面积为计税依据,依照规定由土地所在地的税务机关征收的一种税赋。"李伯开始对土地使用税进行介绍,"由于土地使用税只在县级以上城市征收,因此也称城镇土地使用税。"

"李伯,那土地使用税是怎么征收的呢?"张生问到。

"土地使用税以实际占用的土地面积为计税依据,按规定税额对使用土地的单位和个人征收。"李伯回答道,"其税额标准按大城市、中等城市、小城市和县城、建制镇、工矿区分别确定,在0.6~30元/平方米之间。土地使用税按年计算、分期缴纳。"

听完李伯的讲解之后,张生看了看自己的笔记,又开口说道:"李伯,似乎还有很多税种没有学习呢?"

"是呀！"李伯回答说："除了以上介绍的税种之外，还有车船税、教育费附加、矿产资源补偿费等税费都没有介绍。不过由于我们时间有限，这些内容只能靠你自学啦！"

第五节 利润类各项

经过了刚才的学习，张生有些疲倦，于是停下手中的笔，准备休息一下。

李伯为他倒了一杯清茶，开口说道："小伙子，先喝杯茶休息一下，待会我们讨论利润表中各项利润的含义。"

张生笑着回答说："谢谢您啦！"然后伸手端起茶杯，细品了几口，感觉刚才的倦意慢慢地消退了。

过了一会，张生感觉恢复了体力，于是开口讲道："李伯，我们可以开始学习利润表的各项利润了。"

李伯看了看张生，然后笑着说："好吧，那我们接下来就开始学习利润表的各项利润。"

"会计中的利润是指企业在一定会计期间的经营成果。"李伯首先给出了利润的定义，"利润包括收入减去费用后的净额、直接计入当期利润的利得和损失等。利润是衡量企业优劣的一种重要标志，往往是评价企业管理层业绩的一项重要指标，也是财务报告使用者进行决策时的重要参考。"

"那利润都有哪些种类呢？"张生问道。

"利润按其不同的原因可以划分为不同的种类。"李伯接着说，"①从形成原因分有：主营业务利润、其他业务利润、投资收益、营业外收支净额等；②从税收的角度可分为：税前利润和税后利润；③从经济学角度可分为：会计利润和财务利润；④从计算目标的角度可分为：账面利润和应税利润。"

"哦，原来利润可以分为这么多种呀？"张生惊讶地说道，看来他是第一次对利润有这样的认识。

"我们先讲讲主营业务利润吧!"李伯笑着说。

"好的。"张生做好记录的准备,开始学习新的内容。

"主营业务利润,又称基本业务利润,是主营业务收入减去主营业务成本和主营业务税金及附加得来的。"李伯开始对主营业务利润进行介绍,"由于主营业务利润还未减去销售费用、管理费用、财务费用等期间费用,尚不能完整反映公司主营业务的盈利状况,只是受主营业务成本和税金、销售单价、销量变动的影响。不过,大多数情况下,主营业务利润都是营业利润的主要构成。"

"那什么能反映企业主营业务的盈利状况呢?"张生听到这里,不禁问道。

"对于把握公司盈利能力更有用的指标是主营业务利润率。"李伯笑着回答道,"通过对公司的主营业务利润率纵向对比可以看出公司盈利的变动趋势;通过与同行业其他企业主营业务利润率的横向对比,可以看出公司的相对盈利能力。"

"通常情况下,企业的主营业务利润应是其利润总额的最主要组成部分,其比重应是最高的,其他业务利润、投资收益和营业外收支相对来讲比重不应很高。如果出现了不符常规的情况,那就需要多加分析研究。"李伯又回到了刚才的话题,接着对企业的主营业务利润进行了补充。

"哦,原来是这样。"张生边做笔记,边说道。

"理解了主营业务利润,其他业务利润就更加容易理解啦!"李伯笑着说。

"李伯,那就给我讲讲其他业务利润吧!"张生笑着说,他对其他业务利润产生了兴趣。

"其他业务利润是指企业除主营业务以外的其他业务收入扣除其成本、费用、税金后的利润。即:其他业务收入减去其他业务支出的差额。"李伯解释说,"其他业务收入为企业主营业务以外的其他销售或其他经营收入,如材料物资的销售、无形资产转让、固定资产出租、运输、废旧物的销售等。其他业务支出指为取得其他业务收入而发生的成本、费用和税金,如销售材料的账成本、其

第三章 利润表——企业经营业绩的体现

他业务应负担的流税金等。实务中为简化会计处理手续,通常其他业务收入不分担销售费用。"

此时张生看了一下刚才的利润表,开口问道:"李伯,企业的主营业务收入和其他业务收入要填在利润表的哪个位置呀?好像都没有那两个科目呀?"

李伯看着张生,然后笑着说:"小伙子,够细心的。在新利润表中的营业收入就包括了主营业务收入和其他业务收入,营业利润也包括主营业务利润和其他业务利润,即其他业务利润不再单独填列。我们学习的利润表是最新的格式。"

张生挠挠头,一脸愧意地说:"不好意思呀,李伯。是我大惊小怪啦!"

"没关系,你能发现问题证明你用心啦!"李伯回答说。

李伯给张生倒了一杯清茶,看得出他对这个后辈的期许还是比较高的。

张生翻看了刚才的笔记,发现对投资收益这个科目有些不解,于是问道:"李伯,投资收益这个科目也属于利润类吗?"

李伯思考片刻,然后说道:"从成因上来讲,这个科目也属于利润类。"

"那您给我讲讲这个科目吧!"张生说道,他想对这个科目有进一步的了解。

"投资收益是指企业在一定的会计期间对外投资所取得的回报。"李伯开始讲解投资收益这个科目,"投资收益包括对外投资所分得的股利和收到的债券利息,以及投资到期收回的或到期前转让债权取得款项高于账面价值的差额等。企业的投资活动也可能遭受损失,比如投资到期收回的或到期前转让所得款低于账面价值的差额,即为投资损失。"

"李伯,投资收益对企业的利润影响很大吗?"张生有些好奇地问道。

"随着企业握有的管理和运用资金权力的日益增大,资本市场的逐步完善,投资活动中获取收益或承担亏损虽不是企业通过自身的生产或劳务供应活动所得,却是企业利润总额的重要组成部分,并且其比重发展呈越来越大的趋势。"李伯回答说。

"哦,原来是这样,看来这个科目得好好地学习一下。"张生自言自语地

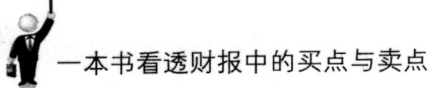

说道。

李伯端起茶杯，细品了一口清茶，然后说道："按形成原因进行划分，还有营业外收支净额这个科目，我们再简单地学习一下这个科目吧！"

"好的！"张生说道，他乐意学习更多的内容。

"营业外收支净额是指企业在一定会计期间内正常经营活动以外的各项收入与支出相抵后的余额，是与企业的生产经营活动无直接关系的各项收支。"李伯开始对营业外收支净额进行讲解，"营业外收支虽然与企业生产经营活动没有多大的关系，但从企业主体来考虑，同样带来收入或形成企业的支出也是增加或减少利润的因素，会对企业的利润总额及净利润产生直接的影响。"

"该科目有什么作用呢？"张生问道。

"在企业经营活动中，难免会遇到一些与企业经营无直接联系的经济业务，如发生自然灾害、非常事项或其他客观因素造成的财产损失以及其他各种意外的收入和支出等等。"李伯回答说，"在计算企业总额时，把与经营活动无直接联系的收支与营业收入、成本和费用区分开来，在报表上单独列示，目的是为了对企业经营成果进行合理的考核，同时加强各期利润信息的可比性和预测性，向报表使用者提供更多的有用信息。"

张生边听着李伯的讲解，心里边想："看来营业外收支净额对于投资者分析企业的财务情况以及经营情况具有非常重要的作用，现在得对这个科目进行深入的学习，在分析企业的财务报表的时候就可以派上用场啦！"

李伯看见张生做完了笔记之后，开口说道："在利润表的计算中，最常接触到的是营业利润、利润总额和净利润这3个科目。下面我们详细地讨论一下这3个科目。"

"好的，李伯。"张生回答说，他的学习精力还是旺盛的。

"营业利润是指企业在销售商品、提供劳务等日常活动中所产生的利润。"李伯开口讲道，"其内容为主营业务利润和其他业务利润扣除期间费用之后的余

额。其中主营业务利润等于主营业务收入减去主营业务成本和主营业务税金及附加，通常也称为毛利。其他业务利润是其他业务收入减去其他业务支出后的差额。营业利润是企业最基本经营活动的成果，也是企业一定时期获得利润中最主要、最稳定的来源。"

张生做着笔记，并点点头，表示理解了李伯所讲述的关于营业利润的内容。

"营业利润永远是商业经济活动中的行为目标，没有足够的利润，企业就无法继续生存，没有足够的利润，企业就无法继续扩大发展。所以，我们在分析企业的财务报表时，应该对营业利润进行足够的关注。"李伯接着对营业利润进行补充说，"在2006年财政部颁布的《新企业会计准则第30号——财务报表列报》中已对营业利润进行了调整，将投资收益调入营业利润，同时取消了主营业务利润和其他业务利润的提法，补贴收入被并入营业外收入，营业利润减营业外收支调整即得到利润总额。"

张生现在对营业利润有了一个客观的认识。

李伯细品了一口清茶，接着说道："下面我们开始讨论利润总额这个科目。"

"好的。"张生回答说，他做笔记的速度基本上已经可以跟上李伯的讲解了。

"利润总额是指税前利润，也就是企业在所得税前一定时期内经营活动的总成果。"李伯介绍说，"按收益总括观点，企业的利润总额包括主营业务利润、其他业务利润、投资净收益和营业外收支净额四部分。其中主营业务利润等于产品销售收入减去产品销售成本、产品销售费用及产品销售税金及附加；其他业务利润为其他业务收入与其他业务支出之差；投资净收益等于投资收益减投资损失；营业外净收入等于营业外收入减营业外支出。"

"李伯，分析利润总额这个科目有什么作用呢？"张生有些不解地问到。

"利润总额是衡量企业经营业绩的十分重要的经济指标。在利润表中，许多国家在计算利润总额（或会计收益）之前，将当期经营过程中所产生的利润（正常利润）和其他损益（非正常利润）分开列示。"李伯回答说，"由于产生正常利润和经营活动，可由企业管理部门控制，而非正常利润是不可控制的。因而，将利润划分为正常利润和非正常利润（即在利润表中分开列示）对于衡量企业管理部门的经营管理效率更客观、更准确。"

"哦，原来利润总额还有这样的作用，真是不能小看这些会计科目呀！"张生笑着说道。

"是呀，每一个会计科目都有特定的意义呀！下面我们开始学习净利润这个科目。"李伯笑着说。

"李伯，净利润这个科目反映的是企业最终的收益吗？"张生抬头问道。

"可以这么理解吧！"李伯回答说，"净利润（收益）是指在利润总额中按规定交纳了所得税后公司的利润留成，一般也称为税后利润或净利润。净利润是一个企业经营的最终成果，净利润多，企业的经营效益就好；净利润少，企业的经营效益就差，它是衡量一个企业经营效益的主要指标。"

张生做着笔记，心想自己理解的还是正确的。

"净利润是一项非常重要的经济指标。对于企业的投资者来说，净利润是获得投资回报大小的基本因素，对于企业管理者而言，净利润是进行经营管理决策的基础。同时，净利润也是评价企业盈利能力、管理绩效以至偿债能力的一个基本工具，是一个反映和分析企业多方面情况的综合指标。"李伯接着对净利润解释说，"一般国内企业会在季报、中报、年报的利润分配表中公布净利润相关信息。一般分为单季度的净利润以及本年度期初到截止日期的净利润。对于上市公司一般查看归属母公司的净利润。"

"哦，难怪上市公司的利润表都有'归属于母公司的净利润'这一科目，原来是这个原因。"张生自言自语道。

李伯端起茶杯细品了一口，然后说道："到现在为止，关于利润表的内容基本上都介绍完了。"

第四章

现金流量表——现金的来龙去脉

完成笔记之后,张生看了一下手表,发现已是中午了。于是对李伯说道:"李伯,打扰您一上午啦。真是不好意思,也没什么谢您的,要不中午一起去吃个饭吧!"

李伯笑着说道:"小伙子,有这份心就行啦,跟我没有必要那么客气的。"

张生又接着说:"李伯,出去吃顿饭也不妨事。我知道这附近有一家川菜馆,菜的味道特别好,今天我带您去品尝一下,保证让您满意!"

李伯犹豫了一下,接着说道:"咱们以后还有机会,下次我们再去吧!"

张生有些着急地拉着李伯说:"择日不如撞日,咱们就今天去吧!您就别再推辞啦!"

在张生的再三劝说下,二人一起去了那家川菜馆。那家川菜馆的菜还真是色香味俱全,李伯心想,这次还真是不虚此行,有幸品尝到这样的美食。

酒过三巡、菜过五味，二人又都回到了李伯的住所。李伯又泡了一壶新茶用来招待张生。然后说道："小伙子，先喝杯茶吧！要是还有精力下午我们学习一下现金流量表。"

张生听到这里心里乐开了花，回答说："我精力比较旺盛，多谢您不吝赐教！"

第四章　现金流量表——现金的来龙去脉

第一节　现金流量表的结构

张生端起茶杯，细品了几口清茶，又稍作休息之后，开口对李伯说道："李伯，我准备好了。"

随后，李伯笑了笑说："那好，我们接下来就开始学习现金流量表的内容。"

"现金流量表，是指反映企业在一定会计期间现金和现金等价物流入和流出的报表。"李伯开始讲解现金流量表的定义，"现金是指企业库存现金以及可以随时用于支付的存款。现金等价物是指企业持有的期限短、流动性强、易于转换为已知金额现金、价值变动风险很小的投资。"

"现金流量表是财务报表的4个基本报告之一，所表达的是在一固定期间（通常是每季或每年）内，一家企业或机构的现金（包含银行存款）增减变动的情况。"李伯又接着对现金流量表进行补充道，"现金流量表的出现，主要是想反映资产负债表中各个项目对现金流量的影响，并根据其用途划分为经营、投资及融资3个活动分类。现金流量表可用于分析一家企业或机构在短期内有没有足够现金去应付开销。"

张生认真地做着笔记，同时也明白了现金流量表主要包含了些什么内容。

李伯给自己倒了一杯清茶，端起茶杯细品了几口，然后又开口对张生说道："现金流量表对我们来讲比较陌生，所以在学习的时候有不明白的地方要多提问。"

"我会的，谢谢李伯啦！"张生回答说。

"现金流量表是显示资产负债表及利润表如何影响现金和现金等价物，以及根据公司的经营,投资和融资角度作出分析的一种表。作为一个分析的工具,现金流量表的主要作用是决定公司短期生存能力,特别是缴付账单的能力。"李伯又开口讲解道,"通过现金流量表,可以概括反映经营活动、投资活动和筹资活动对企业现金流入流出的影响,对于评价企业的实现利润、财务状况及财务管理,能比传统的利润表提供更好的基础。"

"李伯,对于现金流量表的具体作用能再讲解一下吗?"张生停下手中的笔问到。

"好的!"李伯回答道,"现金流量表为我们提供了一家公司经营是否健康的证据。若一家公司经营活动产生的现金流无法支付股利与保持股本的生产能力,从而它得用借款的方式满足这些需要,那么这就给我们一个警告,这家公司从长期来看无法维持正常情况下的支出。现金流量表通过显示经营中产生的现金流量的不足和不得不用借款来支付无法永久支撑的股利水平,从而揭示了公司内在的发展问题。"

"现金流量表不是一开始就有的。"李伯接着说道,"过去的企业经营都强调资产负债表与利润表这两大表,随着企业经营的扩展与复杂化,对企业财务资讯的需求也日见增长。渐渐地,报道企业资金动向的现金流量表也获得许多企业经营者的重视,将之列为必备的财务报表。"

"好的,这下明白了!"张生笑着说。

"李伯,能给我讲讲现金流量表各类的具体含义吗?"张生看着自己的笔记问道。

"好的,下面我们就聊一下现金流量表各类的具体含义。"李伯回答说。

"企业一定时期内现金流入和现金流出是由各种因素产生的,现金流量表首先要对企业各项经营活动产生的现金和运用的现金流量进行合理的分类。"李伯整理了一下思路,开始对现金流量表进行讲解,"现金流量按其产生的原因和支付的用途不同,分为以下三大类:经营活动产生的现金流量、投资活动产生的现

金流量和筹资活动产生的现金流量。"

"第一类是经营活动产生的现金流量。"李伯接着解释说,"经营活动产生的现金流量,是指企业投资活动和筹资活动以外的所有交易活动和事项的现金流入和流出量。其包括:销售商品、提供劳务、经营租赁等活动收到的现金;购买商品、接受劳务、广告宣传、交纳税金等活动支付的现金。"

"那第二类呢?"张生问。

"第二类是投资活动产生的现金流量。该类是指企业长期资产的购建和对外投资活动(不包括现金等价物范围的投资)的现金流入和流出量。其包括:收回投资、取得投资收益、处置长期资产等活动收到的现金;购建固定资产、在建工程、无形资产等长期资产和对外投资等活动所支付的现金等。"李伯回答说。

"第三类是筹资活动产生的现金流量。"李伯接着补充说,"筹资活动产生的现金流量,是指企业接受投资和借入资金导致的现金流入和流出量。其包括:接受投资、借入款项、发行债券等活动收到的现金;偿还借款、偿还债券、支付利息、分配股利等活动支付的现金等。"

"李伯,这现金流量表在使用的时候有没有需要注意的地方?"张生问道。

"现金流量表编制方法较为复杂,这使大部分投资者很难充分理解利用其信息,而且对其作用和不足也缺乏一种较为全面的认识。"李伯回答说,"许多投资者对现金流量表抱有很大期望,认为'经营现金流量净额'可以提供比'净利润'更加真实的经营成果信息,或者它不太容易受到上市公司的操纵等等。事实上,这些观点是比较片面的。"

"是什么原因导致了这种结果呢?"张生好奇地问道。

"主要原因在于:首先,现金流量表的编制基础是现金制,而不理会这些现金流动是否归属于当期损益。因此,企业的当期业绩与'经营现金流量净额'没有必然联系,更不论投资、筹资活动所引起的突发性现金变动了。其次,现金流量表只是一种'时点'报表,因此,其缺陷与资产负债表很相似。显而易见,特

95

定时点的'货币资金'余额是可以操纵的。"

"李伯，有没有完整的现金流量表让我学习一下？"张生完成笔记后问道。

表4-1： 李伯教案

会企03表		
编制单位：××有限公司	20XX年X月X日	单位：元
项目	本期金额	上期金额
一、经营活动产生的现金流量		
销售商品提供劳务收到的现金		
收到的税费返还		
收到其他与经营活动有关的现金		
经营活动现金流入小计		
购买商品、接受劳务支付的现金		
支付给职工以及为职工支付的现金		
支付的各项税费		
支付其他与经营活动有关的现金		
经营活动现金流出小计		
经营活动产生的现金流量净额		
二、投资活动产生的现金流量		
收回投资收到的现金		
取得投资收益收到的现金		
处置固定资产、无形资产和其他长期资产收回的现金净额		
处置子公司及其他营业单位收到的现金净额		
收到其他与投资活动有关的现金		
投资活动现金流入小计		
购建固定资产、无形资产和其他长期资产支付的现金		
投资支付的现金		
取得子公司及其他营业单位支付的现金净额		
支付其他与投资活动有关的现金		
投资活动现金流出小计		
投资活动产生的现金流量净额		
三、筹资活动产生的现金流量		
吸收投资收到的现金		
取得借款收到的现金		
收到其他与筹资活动有关的现金		

第四章 现金流量表——现金的来龙去脉

筹资活动现金流入小计		
偿还债务支付的现金		
分配股利、利润或偿付利息支付的现金		
支付其他与筹资活动有关的现金		
筹资活动现金流出小计		
筹资活动产生的现金流量净额		
四、汇率变动对现金及现金等价物的影响		
五、现金及现金等价物净增加额		
加：期初现金及现金等价物余额		
六、期末现金及现金等价物余额		

李伯拿起他教案似的笔记本翻开一页，一个完整的现金流量表就出现在张生的眼前。同时，他开口对张生说："这就是一个比较完整的现金流量表了。"

张生看着这张现金流量表心想："这么一张报表就可以反映一家上市公司的现金流量，真是神奇。看来要认真学习这张表，以后在投资时加以运用。"

"哦，对了。关于现金流量表的具体作用我做了一些总结，咱们讨论一下。"李伯突然说道。

"李伯，您谦虚啦！我洗耳恭听。"张生笑着对李伯说，并拿起笔准备做笔记。

"关于现金流量表的具体作用我总结了4点：①反映企业的现金流量，评价企业未来产生现金净流量的能力；②评价企业偿还债务、支付投资利润的能力，谨慎判断企业财务状况；③分析净收益与现金流量间的差异，并解释差异产生的原因；④通过对现金投资与融资、非现金投资与融资的分析，全面了解企业财务状况。"李伯开口讲道。

张生仔细地听着，并做了笔记，想从中学习更多的内容。

第二节 经营活动产生的现金流量

讲完现金流量表的具体作用之后,李伯给自己倒上一杯清茶,细品之后稍作休息。

张生此时也比较识趣,没有再进行发问,而是翻看自己的笔记,以便进行梳理。

就这样过了一会,李伯的精力得到恢复。于是抬起头,笑着对张生说道:"小伙子,怎么样?你对现金流量表现在有了一个总体上的认识了吧?"

张生笑着回答说:"还好,现在对现金流量表已经有一个大概的认识啦!"

李伯笑着点点头,然后说:"那好,我们下面聊一下经营活动产生的现金流量的具体分析方法。"

张生点点头,集中注意力开始听讲。

"关于经营活动产生的现金流量的具体分析方法主要有这么几个。"李伯开始讲解道,"①将销售商品、提供劳务收到的现金与购进商品、接受劳务付出的现金进行比较。在企业经营正常、购销平衡的情况下,二者比较是有意义的。比率大,说明企业的销售利润大,销售回款良好,创现能力强。②将销售商品、提供劳务收到的现金与经营活动流入的现金总额比较,可大致说明企业产品销售现款占经营活动流入的现金的比重有多大。比重大,说明企业主营业务突出,营销状况良好。③将本期经营活动现金净流量与上期比较,增长率越高,说明企业成长性越好。"

张生边点头,边进行记录,这样可以加深他对李伯所讲内容的理解。

李伯看到张生完成笔记之后,开口说道:"下面我们讨论一下经营活动产生

的现金流量各个科目的含义和作用,有什么地方不明白的随时可以提问。"

张生笑着回答道:"好的,李伯。辛苦您了!"

"那我们先从'销售商品提供劳务收到的现金'这个科目开始吧!"李伯接着说道。

张生点点头,表示同意。

"销售商品提供劳务收到的现金是指企业销售商品或提供劳务等经营活动收到的现金。"李伯开始讲解,"本科目包括所有经营活动,不包括经营性租赁、随销售收入和劳务收入一起收到的增值税销项税额;本科目还包括收回前期的货款和本期预收的货款;发生销货退回而支付的现金应从本科目中扣除。"

"'销售商品提供劳务收到的现金'可根据'主营业务收入''其他业务收入''应收账款''应收票据''预收账款'及'库存现金''银行存款'等账户分析填列。"李伯对这个科目进行补充说,"该科目的现金流入可用下列公式计算求得:销售商品、提供劳务收到的现金=本期营业收入净额+本期应收账款减少额(−应收账款增加额)+本期应收票据减少额(−应收票据增加额)+本期预收账款增加额(−预收账款减少额)。"

张生停下手中的笔,开口问道:"李伯,公式中的正负值是按照企业实际的情况进行选择的吗?"

李伯回答说:"是的,在进行实际填列时,会计人员根据企业的实际发生情况进行选择。"

张生高兴地点点头,李伯的回答验证了他对公式的理解,经过一段时间的学习,他的理解能力已经有所提高了。

"下面我们接着讨论'收到的税费返还'这个科目。"李伯开口说道。

"好的。"张生点点头回答说。

"收到的税费返还是指企业收到返还的各种税费,如收到的增值税、所得税、消费税、关税和教育费附加返还款等。"李伯对'收到的税费返还'这个

一本书看透财报中的买点与卖点

科目解释道,"'收到的税费返还'这个科目可以根据'库存现金''银行存款''营业税金及附加''营业外收入'等科目的记录分析填列。"

"在实务中,'收到的税费返还'也可以通过'营业外收入''应交税费''其他应收款'等科目的明细分类账对照'银行存款'日记账取得。企业收到的税费返还业务,一般业务量较小,所以在实际填列时并不复杂。"李伯接着说道,"'收到的税费返还'主要为'补贴收入——税费返还''主营业务税金及附加——税费返还''所得税——税费返还'等科目的合计。"

张生低头做着笔记,心想这公式看似简单,但若是实际操作起来,怕是没有那么容易了。

"李伯,我们接下来该学习'收到其他与经营活动有关的现金'这个科目了吧?"张生问道。

"是的,那我们接下来就简单的讨论一下这个科目吧!"李伯笑着回答说。

张生在笔记本上翻开新的一页,准备进行记录。

"收到其他与经营活动有关的现金是指反映企业除了上述各项目外,收到的其他与经营活动有关的现金,如罚款收入、经营租赁固定资产收到的现金、流动资产损失中由个人赔偿的现金收入、除税费返还外的其他政府补助收入等。"李伯对这个科目讲解道,"其他与经营活动有关的现金,若价值较大,应单列科目反映。本科目可以根据'库存现金''银行存款''管理费用''销售费用'等科目的记录分析填列。"

"在实际操作中,'收到其他与经营活动有关的现金'也可以通过'其他业务收入''管理费用''其他应收款'等科目的明细分类账,对照'银行存款'日记账、'库存现金'日记账取得。"李伯又接着对'收到其他与经营活动有关的现金'科目进行解释,"该科目的现金流入可用下列公式计算求得:收到的与经营活动有关的其他现金=营业外收入(处理固定资产收益等除外)+其他应收款(备用金、租金除外)的减少净额+其他应付款(押金、现金溢余)的增加净额。"

第四章 现金流量表——现金的来龙去脉

张生做着笔记,感觉这现金流量表学习起来确实有一定的难度,因此以后得更加用心才行。

张生完成笔记之后,看了一下自己笔记本上的现金流量表的格式,然后开口说道:"李伯,经营活动现金流入的各个科目已经学习完了吧?"

李伯端起茶杯细品了一口,然后说道:"是的,下面我们可以学习经营活动现金流出的各个科目啦!"

张生马上拿起笔来做好准备,等着李伯开始讲解经营活动现金流出的各个科目。

"购买商品接受劳务支付的现金包括当期购买商品、接受劳务支付的现金,当期支付的前期购买商品的应付款和为购买商品而预付的现金等。"李伯开始解释'购买商品接受劳务支付的现金'的基本含义,"同时,因购买商品或接受劳务而同时支付的、能够抵扣增值税销项税额的进项税额,在'支付的增值税款'项目中反映。如果购买商品或接受劳务时,其中所含的增值税进项税额不能抵扣增值税销项税额,则在本科目中进行反映。"

"'购买商品接受劳务支付的现金'可根据'应付账款''应付票据''预付账款''库存现金''银行存款''主营业务成本''其他业务成本'以及'存货'等账户的记录分析填列。"李伯接着讲解道,"该科目的现金流出可用下列公式计算求得:购买商品接受劳务支付的现金=营业成本+本期存货增加额(-本期存货减少额)+本期应付账款减少额(-本期应付账款增加额)+本期应付票据减少额(-本期应付票据增加额)+本期预付账款增加额(-本期预付账款减少额)。"

张生完成笔记之后,抬头说道:"李伯,我们可以开始下面的内容了。"

李伯拿起茶杯细品一口,然后说道:"下面我们学习'支付给职工以及为职工支付的现金'这个科目。"

张生点点头,表示同意。

"支付给职工以及为职工支付的现金,是指反映企业以现金方式支付给职工

的工资和为职工支付的其他现金。"李伯继续进行讲解,"支付给职工的工资包括工资、奖金以及各种补贴等;为职工支付的其他现金,如为职工缴纳的养老、失业等社会保险费,企业为职工缴纳的商业保险和其他福利费用等。但其不含为离退休人员支付的各种费用和固定资产购建人员的工资。"

"'支付给职工以及为职工支付的现金'可根据'库存现金''银行存款''应付职工薪酬''生产成本'等账户的记录分析填列。"李伯又接着对该科目讲解说,"在实际操作中,'支付给职工以及为职工支付的现金'也可以从'应付职工薪酬'项目的账簿中查找到。如果企业账务不是特别复杂,即'应付职工薪酬'项目的期初余额加本期借方合计,再减去期末余额,那么就能得到现金流量表中支付给职工以及为职工支付的现金项目的数值。该科目的现金流出可用下列公式计算求得:支付给职工以及为职工支付的现金='应付工资'和'应付福利费'账户借方发生额(不包括支付给在建工程人员的工资、福利费用)。"

讲到这里的时候,张生心想:"没想到每月拿的工资和取得的福利还有这么多说道,看来自己的报酬也是经历了一个漫长的过程才到自己手里的。"

李伯看到张生心有所思,便开口问道:"小伙子,有什么地方不明白吗?"

张生笑着连连摆手说:"没有没有,刚才注意力没有集中,有些走神啦!"

李伯没有责怪张生,只是笑着说:"下面我们开始学习'支付的各项税费'这个科目吧!"

"好的,李伯。"张生赶忙回答道。

"支付的各项税费,是指企业按照规定支付的各项税费,包括本期发生并支付的税费以及本期支付以前发生的税费和预交的税金,如支付的增值税、所得税、印花税、房产税、土地增值税、车船税和教育费附加等,但不包括本期退回的增值税、所得税。"李伯开始对'支付的各项税费'进行讲解,"'支付的各项税费'可以根据'应交税费''库存现金''银行存款'以及'产品销售税金及附加'等科目分析填列。"

第四章 现金流量表——现金的来龙去脉

"该科目的现金流出可用下列公式计算求得：支付的各项税费＝'应交税金'（应交固定资产投资方向调节税除外）账户的借方发生额＋'产品销售税金及附加'账户借方发生额－消费税、教育费附加等的返还＋'其他应交款'增加净额。"李伯又接着对该科目进行补充说。

张生以最快的速度做着笔记，想节约更多的时间来学习更多的内容。

李伯讲完刚才的那个科目之后，停顿了一下，以便他整理一下自己的思路。

张生完成笔记之后，抬头对李伯说："李伯，我们是不是该学习最后一个科目啦？"

李伯笑着回答说："是的。"

"支付的与经营活动有关的其他现金，是指反映企业支付的除上述各项目外，与经营活动有关的其他现金流出，如捐赠现金支出、罚款支出、支付的差旅费、业务招待费现金支出、支付的保险费等，其他现金流出如价值较大的，应单列科目反映。"李伯接着对'支付其他与经营活动有关的现金'科目进行了解释，"'支付其他与经营活动有关的现金'可以根据'管理费用''经营费用''制造费用''营业外支出''其他应收款'等科目的记录分析填列。"

"该科目的现金流出可用下列公式计算求得：支付的其他与经营活动有关的现金＝营业外支出（处理固定资产损失、固定资产报废损失、实物捐赠支出等除外）＋'其他应付款'（应付租金除外）的增加净额＋管理费用（支付的工资、福利费、税金、折旧、无形资产摊销、计提坏账除外）、销售费用（支付的其他费用）、'财务费用'（支付的其他费用）本期发生额＋'待摊费用'（其他费用）增加净额（借方）－'预提费用'增加净额（贷方）。"李伯又接着对这个科目补充说道。

一本书看透财报中的买点与卖点

第三节　投资活动产生的现金流量

讲解完毕之后,李伯给张生倒了一杯清茶,然后说道:"小伙子,先喝了这杯茶休息一下,待会我们学习现金流量表的投资活动产生的现金流量各个科目的含义及作用。"

"谢谢李伯啦!"张生端起茶杯一饮而尽,这段时间的学习让他感到精力消耗不少,是该休息一会。

经过一段时间的休息之后,张生感觉精力有所恢复,于是开口说道:"李伯,我休息好了,可以开始学习投资活动产生的现金流量的各个科目啦!"

李伯听到此处,便回答说:"好的,接下来我们就开始学习新的内容。"

"首先,我来介绍一下投资者对投资活动产生的现金流量的分析方法。"李伯说道。

张生点点头,并做好学习准备。

"当企业扩大规模或开发新的利润增长点时,需要大量的现金投入,投资活动产生的现金流入量补偿不了流出量,投资活动现金净流量为负数,但如果企业投资有效,将会在未来产生现金净流入用于偿还债务,创造收益,企业不会有偿债困难。"李伯介绍说,"因此,分析投资活动现金流量,应结合企业目前的投资项目进行,不能简单地以现金净流入还是净流出来论优劣。

张生边做笔记,心里边想:"对企业投资活动产生的现金流量的分析应该认真学习一下!"

李伯此时开口说道:"我们先从'收回投资收到的现金'这个科目开始学习吧!"

张生点点头，准备学习新的内容。

"收回投资收到的现金是指反映企业出售、转让和到期收回的除现金等价物以外的交易性金融资产、长期股权投资而收到的现金，以及收回持有至到期投资本金而收到的现金。"李伯开始对'收回投资收到的现金'进行解释，"收回投资收到的现金不包括持有至到期投资收回的利息以及收回的非现金资产。该项目应根据'交易性金融资产''长期股权投资''库存现金''银行存款'等账户的记录分析填列。"

"在实际的处理过程中，企业债券性投资和权益性投资业务量相对较少，'收回投资收到的现金'可以从'交易性金融资产''投资性房地产''长期股权投资''可供出售金融资产'和'持有至到期金融资产'账簿中对照'银行存款'日记账查阅。"李伯又接着补充说道。

"李伯，'收回投资收到的现金'这个科目所填列的内容可以用公式表示吗？"张生问道。

"该科目的现金流入可用下列公式计算求得：收回投资收到的现金='短期投资'贷方发生额+'投资收益'账户中的'收回投资而取得的收益'+'长期股权投资（投资收回）'贷方发生额+'长期债权投资（投资收回）'贷方发生额。"李伯听到张生的提问之后，回答说道。

张生做着笔记，同时点点头，表示他已经理解了李伯所讲内容的含义了。

"下面我们开始学习'取得投资收益收到的现金'这个科目。"李伯细品了一口清茶，然后说道。

"好的。"张生回答说。

"取得投资收益收到的现金是指反映企业因股权性投资而分得的现金股利，从子公司、联营企业或者合营企业分回的利润而收到的现金，因债权性投资而取得的现金利息收入。"李伯继续进行讲解，"股票股利不在本科目中反映；包括在现金等价物范围内的债权性投资，其利息收入在本科目中反映。本项目应根据

'应收股利''应收利息''投资收益''库存现金''银行存款'等账户的记录分析填列。"

"在实际操作中,企业债权性投资和权益性投资业务量相对较少,'取得投资收益收到的现金'可以从'长期股权投资''可供出售金融资产'和'持有至到期金融资产'以及'投资收益'账簿中对照'银行存款'日记账查阅。"李伯停顿了一下,然后又接着对'取得投资收益收到的现金'补充说道,"该科目的现金流入可用下列公式计算求得:取得投资收益所收到的现金='投资收益'–'长期股权投资——损益调整'账户增加净额–'应收股利'增加净额+'长期债权投资——溢价'中的'溢价摊销'–'长期债权投资——折价'中的'折价摊销'–'应收利息'增加净额–'长期债权投资——应计利息'增加净额。"

过了一会儿,张生完成了上述内容的笔记,然后开口对李伯说道:"李伯,我们可以开始学习'处置固定资产、无形资产和其他长期资产收回的现金净额'这个科目了。"

"好的。"李伯看着张生,笑着说道,"下面我们开始学习新的科目。"

"处置固定资产、无形资产和其他长期资产收回的现金净额是指反映出售固定资产、无形资产和其他长期资产所取得的现金扣除为出售这些资产而支付的有关费用后的净额。其还包括固定资产报废、毁损的变卖收益以及遭受灾害而收到的保险赔偿收入等。"李伯对'处置固定资产、无形资产和其他长期资产收回的现金净额'科目的定义作了解释,"如果处置固定资产、无形资产和其他长期股权投资所收到的现金净额为负数,则应作为'投资活动现金流出'项目反映,列在'支付其他与投资活动有关的现金'科目中。"

"李伯,计算这个科目的净额是不是也有公式呀?"张生抬起头来问道。

"是的。"李伯笑着回答说,"该科目的现金流入可用下列公式计算求得:处置固定资产、无形资产和其他长期资产收回的现金净额=清理转出固定资产等原值–清理转出固定资产等已提的累计折旧+'营业外收入——处理固定资产收益'－'营业外支出——处理固定资产损失'及'固定资产报废损失'－固定资产非现金交易而减少的净值（如资产置换）。"

张生开心地把公式记在了自己的笔记本上。

李伯喝了一口清茶，看见张生完成了笔记，然后开口说道："下面我们该学习'处置子公司及其他营业单位收到的现金净额'这个科目了！"

"好的，李伯。"张生回答说。

"处置子公司及其他营业单位收到的现金净额是指反映企业处置子公司及其他营业单位所取得的现金减去子公司及其他营业单位持有的现金和现金等价物以及相关处置费用后的净额。"李伯对'处置子公司及其他营业单位收到的现金净额'的定义解释道，"整体处置一个单位，其结算方式多种多样。企业处置子公司及其他营业单位是整体交易，子公司及其他营业单位可能持有现金和现金等价物。这样，整体处置子公司及其他营业单位的现金流量，就应以处置价款中收到的现金的部分，减去子公司及其他营业单位持有的现金和现金等价物以及相关处置费用后的净额反映。"

"处置子公司及其他营业单位收到的现金净额如果为负数，则将该金额填列至'支付其他与投资活动有关的现金'科目中。"李伯又接着补充说道。

"李伯，那'收到其他与投资活动有关的现金'这个科目核算的内容又是什么呢？"张生问道。

"'收到其他与投资活动有关的现金'是反映除上述各项目以外，收到的其他与投资活动有关的现金流入。该科目应根据'库存现金''银行存款'和其他有关账户的记录分析填列。"李伯停顿了一下，然后回答说。

张生翻看着自己的笔记，然后抬头问李伯说："李伯，投资活动现金流入的科目我们是不是都已经学习完了？"

李伯笑着看了看张生回答说："是的，下面我们该学习投资活动现金流出的各个科目啦！"

张生有些兴奋地说道,"那我们赶快开始吧!"

李伯回答说:"好的,那我们就从'购建固定资产、无形资产和其他长期资产支付的现金'这个科目开始吧!"

"购建固定资产、无形资产和其他长期资产支付的现金是指反映企业购买、建造固定资产,取得无形资产和其他长期资产所支付的现金。其中企业为购建固定资产支付的现金,包括购买固定资产支付的价款现金及增值税款、固定资产购建支付的现金。但不包括购建固定资产的借款利息支出和融资租入固定资产的租赁费。"李伯接着对'购建固定资产、无形资产和其他长期资产支付的现金'这个科目的含义做了解释。

"李伯,核算'购建固定资产、无形资产和其他长期资产支付的现金'这个科目有公式吗?"张生问道。

"该科目的现金流出可用下列公式计算求得:购建固定资产、无形资产和其他长期资产所支付的现金 = '固定资产''无形资产'和'其他长期资产'账户的'本期购建转入'明细账发生额 + '在建工程'账户增加净额 − 与在建工程有关的应付工资、应付福利费、应交税金——应交固定资产投资方向调节税、长期借款(应计利息)的净增加额。"李伯回答说。

张生点点头,表示理解了李伯所讲的含义,同时把李伯介绍的公式记在自己的笔记本上。

李伯端起茶杯细品了一口,然后对张生说:"下面我们学习'投资支付的现金'这个科目。"

张生集中注意力,做好了记录的准备。

"投资支付的现金是指反映企业在现金等价物以外进行交易性金融资产、长期股权投资、持有至到期投资所实际支付的现金,包括佣金手续费所支付的现金。但不包括企业购买股票和债券时实际支付价款中包含的已宣告尚未领取的现金股利或已到付息期但尚未领取的债券利息。"李伯调整好思路,开始对'投资支付的现金'这个科目进行讲解。

"企业购买股票和证券时实际支付的价款中包含的已经宣告但尚未领取的现金股利或已到付息期但尚未领取的债券利息,应在'支付其他与投资活动有关的现金'科目中反映;收回购买股票和债券时支付的已经宣告尚未领取的现金股利或已到付息期但尚未领取的债券利息,应在'收到其他与投资活动有关的现金'科目中反映。"李伯又接着补充说,"该科目的现金流出可用下列公式计算求得:投资支付的现金='短期投资'借方发生额+'长期股权投资——投资成本'+'长期债权投资'账户中的'债券面值'与'溢价'明细账的借方发生额及'折价'明细账的贷方发生额+'应收股利——购入股利'账户的借方发生额+'应收利息——购入利息'明细账的借方发生额。"

李伯停顿一会,在看到张生完成笔记之后,便开口说道:"接下来我们要学习'取得子公司及其他营业单位支付的现金净额'这个科目了。"

"好的,李伯。"张生笑着回答说。

"取得子公司及其他营业单位支付的现金净额是指反映企业取得子公司及其他营业单位购买出价中以现金支付的部分,减去子公司及其他营业单位持有的现金和现金等价物后的净额。"李伯对'取得子公司及其他营业单位支付的现金净额'进行讲解说。

"企业购买子公司及其他营业单位是整体交易,子公司及其他营业单位除了有固定资产和存货外,还可能持有现金和现金等价物。这样整体购买子公司及其他营业单位的现金流量,就应以购买出价中以现金支付的部分减去子公司及其他营业单位持有的现金和现金等价物后的净额反映,若为负数,应在'收到其他与投资活动有关的现金'科目中反映。"李伯又接着补充说。

"李伯,那'支付其他与投资活动有关的现金'是什么含义呢?"张生问道。

"支付其他与投资活动有关的现金是指企业除了上述各项以外,支付的与投资活动有关的现金流出。包括企业购买股票和债券时实际支付价款中包含的已宣告尚未领取的现金股利或已到付息期但尚未领取的债券利息等。"李伯笑着回答说,"本科目应根据'库存现金''银行存款''应收股利''应收利息'等账户的记录分析填列。"

第四节 筹资活动产生的现金流量

张生在完成笔记之后，看了看自己的笔记本，然后问道："李伯，我看了一下现金流量表，我们是不是该学习筹资活动产生的现金流量的各个科目啦？"

李伯端起茶杯细品了一口，然后回答说："是的，企业投资活动产生的现金流量的各个科目我们都已经学习了，下面可以开始学习筹资活动产生的现金流量的各个科目啦！"

随后，李伯给张生倒了一杯清茶，然后对他说道，"小伙子，先喝了这杯茶休息一下，然后我们就开始继续学习。"

张生端起茶杯对李伯说道："谢谢您啦！"然后细品几口，顿时觉得倦意全消。

过了一会，李伯开口对张生说道："现在感觉怎么样？可以开始学习了吗？"

张生笑着对李伯说："已经准备好了。"

"首先，我们还是了解一下企业筹资活动产生的现金流量的分析方法。"李伯开始对企业的筹资活动产生的现金流量进行讲解，"一般来说，筹资活动产生的现金净流量越大，企业面临的偿债压力也越大，但如果现金净流入量主要来自于企业吸收的权益性资本，则不仅不会面临偿债压力，反而资金实力会增强。因此，在分析时，可将吸收权益性资本收到的现金与筹资活动现金总流入进行比较，所占比重大，说明企业资金实力增强，财务风险降低。"

张生完成笔记之后，开口问道："李伯，我们是从'吸收投资收到的现金'这个科目开始学习吗？"

李伯笑着回答说:"是的,我们先从'吸收投资收到的现金'这个科目开始吧!"

张生集中注意力,做好了学习的准备。

"吸收投资收到的现金是指企业通过发行股票、债券等方式筹集资金实际收到的款项净额(发行收入减去支付的佣金等发行费用后的净额)。"李伯整理了一下思路,开始对'吸收投资收到的现金'这个科目进行讲解,"以发行股票等方式筹集的资金而由企业直接支付的审计、咨询等费用不在本科目中反映,而在'支付的其他与筹资活动有关的现金'科目中反映;由金融企业直接支付的手续费、宣传费、咨询费、印刷费等费用,从发行股票、债券取得的现金收入中扣除、以净额列示。"

"'吸收投资收到的现金'可以根据'实收资本(或股本)''资本公积''应付债券'等科目的记录分析填列或根据'实收资本(或股本)''资本公积'备查登记簿的'现金入股'栏目的记录金额填列。"李伯又补充说道。

"李伯,'吸收投资收到的现金'的净额有计算公式吗?"张生问道。

"该科目的现金流入可用下列公式计算求得:吸收投资收到的现金='实收资本(或股本)''资本公积''应付债券'备查登记簿的'现金入股'栏目的记录金额。"李伯回答说。

张生赶忙把李伯给出的公式记录下来,以备将来分析时对该科目的数额进行计算。

李伯端起茶杯细品了一口清茶,在稍做休息的同时,也给出一段时间让张生完成笔记。

没过多久,张生便完成了自己的笔记。抬起头来看着李伯说:"李伯,我们可以学习新的内容啦!"

李伯笑着回答道:"好的,那接下来我们就学习'取得借款收到的现金'这个科目。"

张生又马上进入学习状态。

"取得借款收到的现金是指企业在当期向银行或非银行金融机构举借的各种长期或短期借款所收到的现金。"李伯开口解释道,"与发行债券的方式筹集资金一样,企业在向银行或非银行金融机构举借债务、获得目前可供使用的资金的同时,同样会造成日后按期还本付息的资金压力,即现在的现金流入会导致未来相应的现金流出。"

"借款是企业最常见的筹资方式之一,短期借款主要用于满足企业的日常生产经营的需要,而长期借款主要用于满足企业扩大再生产的需要。本项目可根据'短期借款''长期借款''交易性金融资产''应付债券''库存现金''银行存款'等科目的记录分析填列。"李伯接着补充说道,"该科目的现金流入可用下列公式计算求得:取得借款收到的现金='短期借款'和'长期借款——本金'账户的贷方发生额。"

张生认真地做着笔记,并且思考着李伯所讲述内容的含义,以便在以后的投资活动中加以运用。

此时,李伯显得比较悠闲,又给自己倒了一杯清茶,沉浸在铁观音的清香之中。

看到张生完成笔记之后,李伯开口说道:"下面我们开始学习'收到其他与筹资活动有关的现金'这个科目吧!"

张生点点头,表示同意李伯的提议。

"收到其他与筹资活动有关的现金是指企业除了吸收投资以及借款所收到的现金之外,在其他归并与筹资活动的有关项目中所收到的现金,比如接受的现金捐赠等。"李伯开始对这个科目进行解释,"这类现金流入在企业筹资活动现金流入量中通常所占比例不高,有时甚至不会出现,但如果价值较大,应单列科目进行反映。"

张生边做笔记,边点头示意,表示理解了李伯对这个科目所讲述的内容。

"一般来讲，企业这个科目的金额较少，如果在某期其金额突然增大，这就属于异常情况，需要投资者做进一步的分析和关注。"李伯又接着对这个科目进行补充说道，"'收到其他与筹资活动有关的现金'可以根据'库存现金''银行存款'和其他有关账户的记录分析填列。"

李伯讲解完以上的内容后，拿起茶壶给张生倒了一杯清茶，他知道经过这么长时间的学习，张生一定有些疲倦了。

看到张生停下了手中的笔，李伯开口说道："小伙子，先喝杯茶休息一下吧！"

张生此时也感觉有些疲倦，于是端起茶杯对李伯说道："谢谢啦，李伯！"

细品了几口清茶之后，张生感觉精力有些恢复，于是开口对李伯说道："李伯，接下来我们是不是该学习筹资活动现金流出的各个科目啦？"

李伯笑着对张生说："是的，筹资活动现金流入的各个科目我们已经介绍完了。下面我们就先从'偿还债务支付的现金'这个科目开始吧！"

"偿还债务支付的现金是指企业在当期偿还已经到期的各项债务本金所产生的现金支出的金额。"李伯对'偿还债务支付的现金'的定义进行了解释，"企业在以往的筹资活动中，以发行债券的方式或向银行或非银行金融机构借款的方式筹措获得的资金，无论期限多长，都需要在未来的一定期限内还本付息，该科目即是反映由此引起的现金支出。"

"企业偿还的借款利息、债券利息，不包括在本科目内，其在'偿付利息所支付的现金'科目中反映。'偿还债务支付的现金'可以根据'短期借款''长期借款''待摊费用''预提费用'等科目的记录分析填列。"李伯接着解释说，"该科目的现金流出可用下列公式计算求得：偿还债务支付的现金＝'短期借款''长期借款——本金'账户的借方发生额。"

张生记录完李伯上述的讲解之后，拿起茶壶给自己倒了一杯清茶，他现在需要补充一下水分。

第四章 现金流量表——现金的来龙去脉

随后,他翻看了一下自己的笔记,开口问道:"李伯,'偿还债务支付的现金'这个科目讲解完之后,是不是该介绍'分配股利、利润或偿付利息支付的现金'这个科目啦?"

李伯笑了笑说:"是的,按照现金流量表的排列顺序,是该介绍这个科目啦!"

张生微笑着点点头,心想自己对现金流量表的结构现在已经有所了解啦!

"下面我们就介绍'分配股利、利润或偿付利息支付的现金'这个科目吧!"李伯笑着说道。

"分配股利、利润或偿付利息支付的现金,是指企业实际支付的现金股利,支付给其他单位投资单位的利润或用现金支付的借款利息、债券利息。"李伯开始对'分配股利、利润或偿付利息支付的现金'这个科目讲解。

"分配股利、利润或偿付利息支付的现金可根据'应付股利(或应付利润)''财务费用''长期借款''应付债券''库存现金''银行存款'等账户的记录分析填列。"李伯又接着补充说,"该科目的现金流出可用下列公式计算求得:分配股利、利润或偿付利息所支付的现金='应付股利'本期借方发生额+'长期借款——应计利息'账户的借方发生额+'待摊费用——利息''预提费用——利息'账户的借方发生额。"

讲解完以上的内容之后,李伯拿起茶杯细品了几口,显出一副悠闲自得的样子。

张生此时完成了笔记,在稍做休息的同时,又查看了一下自己笔记本上的现金流量表。

李伯看到此情景之后,对张生说道:"下面我们就该介绍'支付其他与筹资活动有关的现金'这个科目啦!"

张生抬起头看了看李伯,然后笑着说道:"好的,李伯我已经准备好了!"

"支付其他与筹资活动有关的现金,是指企业除偿还债务所支付的现金以及分配股利、利润或偿付利息所支付的现金之外,因其他与筹资活动有关的情况而发生的现金流出金额。"李伯开始了对'支付其他与筹资活动有关的现金'这个科目的解释,"如以发行股票、债券等方式筹集资金而由企业直接支付的审计、咨询等费用,融资租赁各期支付的现金、以分期付款方式构建固定资产、无形资产等各期支付的现金等。其他与筹资活动有关的现金,如果其价值较大的,应该单列科目对其进行反映。"

"'支付其他与筹资活动有关的现金'可根据'库存现金''银行存款'和其他有关账户的记录分析填列。"李伯对该科目进行补充道,"该科目的现金流出可用下列公式计算求得:'支付其他与筹资活动有关的现金'='营业外支出——现金捐赠支出'+'长期应付款——融资租入固定资产租赁费减少净额'+'发行股票、债券的备查登记记录中的审计、咨询费用'。"

张生做完笔记后,给自己倒了一杯清茶,细品几口之后,翻看了一下自己之前的笔记。

李伯笑着看了看张生说:"小伙子,筹资活动产生的现金流量的各个科目也介绍完了。有什么不明白的吗?"

张生疑惑地摇摇头,突然眼前一亮,开口问道:"李伯,有一个科目我们好像没有学习。"

李伯听到此处也有些好奇,于是开口问道:"是现金流量表的什么科目吗?"

张生一脸疑云地回答说:"是'汇率变动对现金及现金等价物的影响'这个科目。"

李伯笑着回答说:"哦,原来是这个科目呀!"

张生不好意思地点点头,然后说道:"李伯,能给我讲解一下这个科目吗?"

李伯笑着回答说:"好的!"

"当企业外币现金流量及境外子公司的现金流量折算成记账本币时,所采用

的是现金流量发生日的汇率或即期汇率的近似汇率,而现金流量表'现金及现金等价物净增加额'项目中外币现金净增加额是按资产负债表日的即期汇率折算。这两者的差额即为汇率变动对现金的影响。"李伯对这个科目进行解释说。

"哦,原来'汇率变动对现金及现金等价物的影响'这个科目的含义是这样的呀!"张生笑着点点头说。

第五章

权益变动表——财报的第四张表

张生完成笔记之后稍作休息,端起茶杯细品了一口,然后翻看了一下自己刚才做的笔记。经过对现金流量表的学习之后,张生感觉自己对企业财务报表的兴趣又浓厚了许多,突然想到之前李伯说的财务报表共有四张,可现在才学习了三张,于是开口问道:"李伯,我们是还有一张报表没有学习吗?"

李伯喝了一口清茶,然后回答说:"是的,还有一张'所有者权益变动表'没有讲解。"

张生好奇地问道:"李伯,'所有者权益变动表'主要反映了企业的什么内容?"

李伯放下茶杯,笑着回答说:"所有者权益变动表是反映构成所有者权益的各组成部分当期的增减变动情况的报表。通过企业的所有者权益变动表,既可以为报表使用者提供所有者权益总量增减变动的信息,也能为其提供所有者权益增减变动的结构性信息,特别是能够让报表使用者理解所有者权益增减变动的根源。"

"哦,明白了。李伯,我记得'所有者权益变动表'是在2007年之后才开始披露的吧？"张生问道。

"是的。"李伯回答说，"2007年以前，公司所有者权益变动情况是以资产负债表附表的形式予以体现的。新准则颁布后，要求上市公司于2007年正式对外呈报所有者权益变动表，所有者权益变动表便成为上市公司披露的第四张财务报表。"

第五章　权益变动表——财报的第四张表

第一节　所有者权益变动表结构

听到此处，张生来了兴趣，于是问李伯："李伯，能给我详细的讲解一下所有者权益变动表吗？"

李伯看了看张生，笑着回答说："只要你愿意学习，我当然乐意和你一起讨论！"

张生满脸歉意地笑着说："李伯，真是麻烦您了！"

李伯笑着摆了摆手说："小伙子，客气了。不过是举手之劳而已。"

张生笑了笑，翻开笔记本并集中注意力，准备学习所有者权益变动表的内容。

"所有者权益是企业资产扣除负债后由股东享有的剩余权益。所有者权益变动表是反映构成股东权益各组成部分当期的增减变动情况的报表。"李伯开始对所有者权益变动表进行讲解，"所有者权益是企业自有资本的来源，它的数量多少、内部结构变动等都会对企业的财务状况和经营发展趋势带来影响，这张报表已成为报表使用人十分关注的主要报表之一。"

张生听得有点入神，聚精会神地注意着李伯对所有者权益变动表的讲解。

"首先，我们从该表所列示的内容开始吧！"李伯若有所思地说道，"所有者权益变动表解释了在某一特定时间内，股东权益如何因企业经营的盈亏及现金股利的发放而发生变化。它是说明企业管理阶层是否公平对待股东的最重要信息。"

"所有者权益变动表应当全面反映一定时期所有者权益变动的情况，该表不仅包括所有者权益总量的增减变动，还包括所有者权益增减变动的重要结构性信息,特别是反映直接计入所有者权益的利得和损失。"李伯又接着补充说。

张生点点头,表明理解了李伯的讲解。

"在所有者权益变动表中,至少应当单独列示反映下列信息的项目。"李伯喝了一口清茶,然后又接着解释说,"①净利润;②直接计入所有者权益的利得和损失项目及其总额;③会计政策变更和差错更正的累积影响金额;④所有者投入资本和向所有者分配利润等;⑤按照规定提取的盈余公积;⑥实收资本(或股本)、资本公积、盈余公积、未分配利润的期初和期末余额及其调节情况。"

"对投资者而言,所有者权益变动表具体有什么作用呀?"张生做完笔记后问道。

"所有者权益变动表的具体作用主要体现在3个方面。"李伯回答说,"第一,所有者权益变动表有利于揭示企业抵御财务风险的实力,为报表使用者提供企业盈利能力方面的信息。股东是企业的自有资本,也是企业生产经营、承担债务责任、抵御财务风险的物质基础。股东的增减变动直接决定着企业经济实力的强弱变化,即企业承担债务责任,抵御财务风险的实力变化。而股东的增减主要源于企业利润的增长,所以该表也能间接地反映出企业的盈利能力,从而为报表使用者提供企业盈利能力方面的信息。"

"第二,所有者权益变动表有利于对企业的保值增值情况作出正确判断,揭示股东增减变动的原因。"李伯开始对所有者权益变动表的第二个作用进行解说,"所有者权益变动表反映企业自有资本的质量,揭示股东变动的原因,为报表使用者正确评价企业的经营管理工作提供信息。股东的增减变动有多种原因,该表全面记录了影响股东变动的各个因素的年初和年末余额。通过每个项目年末和年初余额的对比以及各项目构成比例的变化,揭示股东变动的原因及过程,从而为报表使用者判断企业自有资本的质量,正确评价企业的经营管理工作提供信息。"

张生完成笔记之后,抬起头来问道:"李伯,所有者权益变动表的第三个作

第五章 权益变动表——财报的第四张表

用是什么?"

"第三,所有者权益变动表有利于报表使用者了解企业净利润的分配去向以及评价利润分配政策。"李伯喝了一口清茶,又接着对所有者权益变动表的第三个作用进行解释说,"所有者权益变动表反映了企业股利分配政策及现金支付能力,为投资者的投资决策提供了全面信息。该表既有资产负债表中的项目内容(股东),又有利润表中的项目内容(净利润),还包括利润分配的内容。同时,向股东支付多少利润又取决于公司的股利分配情况,不仅向投资人或潜在投资人提供了有关股利分配政策和现金支付能力方面的信息,而且通过这一过程将新企业会计准则'四大'主要报表有机地联系在一起,为报表使用者全面评价企业的财务状况、经营成果和企业发展能力提供了全面信息。"

讲完以上的内容之后,李伯给自己倒了一杯清茶,也为张生倒了一杯。同时,对张生说道:"小伙子,做完上面的笔记之后,先喝杯茶吧!待会我们在学习一下报表使用人对所有者权益变动表进行分析的目的。"

张生端起茶杯细品了几口,然后对李伯说:"谢谢您了,教了我这么多东西!"

经过一段时间的休息之后,张生恢复了精力。开口对李伯说:"李伯,我休息的差不多啦!"

李伯放下茶杯,对张生说:"那好,接下来我们就学习一下所有者权益变动表的分析目的。"

"对企业所有者权益变动表的分析目的主要有以下几个方面。"李伯整理了一下思路,开始对所有者权益变动表的分析目的进行讲解"第一,通过所有者权益变动表的分析,可以清晰地体现会计期间股东权益各个项目的变动规模与结构,了解变动趋势,反映公司净资产的实力,提供保值增值的重要信息。第二,通过所有者权益变动表的分析,可以进一步从全面收益角度报告更全面、更有用的财务业绩信息,以满足报表使用者投资、信贷及其他经济决策的需要。第三,通过对所有者权益变动表的分析，可以反映会计政策变更的合理性以及会计差错更正的幅度，具体报告由于会计政策和会计差错更正对股东权益的影响数额。第四，通过对所有者权益变动表的分析，可以反映由于股权分置、股东分配政策、再筹资方案等财务政策对股东权益的影响。"

表5-1： 李伯教案

会企04表													
编制单位：××有限公司	20XX年X月X日						单位：元						
	本年金额						上年金额						
项目	实收资本（或股本）	资本公积	减：库存股	盈余公积	未分配利润	所有者权益合计	实收资本（或股本）	资本公积	减：库存股	盈余公积	未分配利润	所有者权益合计
一、上年年末余额												
加：会计政策变更												
前期差错更正												
二、本年年初余额												
三、本年增减变动金额（减少以"-"号填列）												
（一）净利润												
（二）直接计入所有者权益的利得和损失												
1.可供出售金融资产公允价值变动净额												

第五章 权益变动表——财报的第四张表

项目											
2.权益法下被投资单位其他所有者权益变动的影响											
3.与计入所有者权益项目相关的所得税影响											
4.其他											
上述(一)和(二)小计											
（三）所有者投入和减少资本											
1.所有者投入资本											
2.股份支付计入所有者权益的金额											
3.其他											
（四）利润分配											
1.提取盈余公积											
2.对所有者（或股东）的分配											
3.其他											
（五）所有者权益内部结转											
1.资本公积转增资本（或股本）											
2.盈余公积转增资本（或股本）											
3.盈余公积弥补亏损											
4.其他											
四、本年年末余额											

讲解完所有者权益变动表的分析目的之后，李伯拿起自己像教案似的笔记本

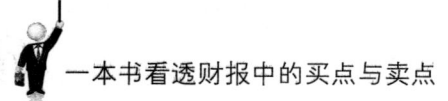

又翻了一页。随后,一副完整的所有者权益变动表就出现在了张生的面前。

张生停下手中的笔,目不转睛地看着这幅表格,同时问道:"李伯,这就是所有者权益变动表吗?"

李伯笑着点点头说:"是的,这是一张比较完整的所有者权益变动表。一般情况下,上市公司就是按照这样的格式对公司的信息进行披露的。"

张生点点头,看着这些陌生的科目,感到有些科目的名称和其他三张报表的名称是相同的。于是开口问道:"李伯,这些科目的含义都是什么呀?那些和资产负债表和利润表名称相同的科目,它们的含义都是相同的吗?"

李伯端起茶杯,细品了几口,然后笑着回答说:"这些科目当中,有些和其他报表的科目所表示的含义是相同的,待会我会给你逐一详细解答的。"

第二节　所有者权益变动表填列

李伯说罢，端起茶杯细品了几口清茶，然后对张生说："小伙子，对于所有者权益变动表，我们从'本年金额'这个科目开始学习吧！"

张生点点头，回答说："好的。"

"所有者权益变动表里的'本年金额'栏内各项数字一般应根据'实收资本（股本）''资本公积''盈余公积''利润分配''库存股''以前年度损益调整'等科目的发生额分析填列。"李伯放下茶杯，开始对所有者权益变动表进行讲解，"企业的净利润及其分配情况作为所有者权益变动的组成部分，不需要单独设置利润分配表列示。"

张生边做笔记，边问："李伯，企业所有者权益变动表的'本年金额'栏内各项数字是根据'实收资本（股本）''资本公积''盈余公积''利润分配''库存股''以前年度损益调整'等科目的发生额分析填列的。那'上年金额'栏内各项数字也是按照这些科目上一年的发生额填列的吗？"

"这里有些区别。"李伯笑着回答说"所有者权益变动表里的'上年金额'栏内各项数字，应根据上年度所有者权益变动表'本年金额'内所列数字填列。上年度所有者权益变动表规定的各个项目的名称和内容同本年度不一致的，应对上年度所有者权益变动表各项目的名称和数字按照本年度的规定进行调整，填入所有者权益变动表的'上年金额'栏内。"

张生点点头，同时说："哦，原来两个科目在填列方式上还有不同的地方。"

李伯笑着点点头，又开口说："下面我们介绍一下'上年年末余额'这个科目。"

"好的，李伯。"张生回答说。

"'上年年末余额'反映的是企业上年资产负债表中'实收资本（股本）''资本公积''盈余公积''未分配利润'的年末余额。"李伯对'上年年末余额'解释："该科目数额可以通过上年度资产负债表取得，也可以通过上年度所有者权益变动表取得，还可以通过查阅相应账簿获得。"

"李伯，那'上年年末余额'科目下面的'会计政策变更'和'前期差错更正'这两个科目又反映了企业的什么内容呢？"张生疑惑不解地问。

"哦，这两个科目的含义简单。"李伯笑着回答说，"该表的'会计政策变更'和'前期差错更正'这两个科目分别反映了企业采用追溯调整法处理的会计政策变更的累积影响金额，以及采用追溯重述法处理的会计差错更正的累积影响金额。"

"追溯调整法是指对某项交易或事项变更会计政策，视同该项交易或事项初次发生时即采用变更后的会计政策，并以此对财务报表相关项目进行调整的方法。追溯重述法是指在发现前期差错时，视同该项前期差错从未发生过，从而对财务报表相关项目进行更正的方法。"李伯又接着补充解释说。

张生疑惑地点点头，他现在对"追溯调整法"与"追溯重述法"似乎还不能完全理解。但只要多多努力，相信他会完全掌握这些会计核算方法的。

李伯拿起茶壶给张生倒了一杯清茶，然后对张生说："先喝了这杯茶，下面我们开始介绍所有者权益变动表里的'本年增减变动金额'以及下面的各个科目。"

"谢谢您了，李伯！"张生笑着对李伯说。

"所有者权益变动表的'本年增减变动金额'科目分别反映如下几项内容。"李伯稍作调整之后，开始对'本年增减变动金额'进行解释："'净利润'项目是反映企业当年实现的净利润（或净亏损）金额，并对应列在'未分配利润'栏。'直接计入所有者权益的利得和损失'反映了企业当年直接计入所有

第五章 权益变动表——财报的第四张表

者权益的利得和损失金额。其中涉及以下几点的账务处理。"李伯又接着讲解说,"①'可供出售金融资产公允价值变动净额'科目反映企业持有的可供出售金融资产当年公允价值变动的金额,并对应列在'资本公积'栏;②'权益法下被投资单位其他所有者权益变动的影响'科目反映企业对按照权益法核算的长期股权投资,在被投资单位除当年实现的净损益以外其他所有者权益当年变动中应享有的份额,并对应列在'资本公积'栏;③'与计入所有者权益项目相关的所得税影响'科目反映企业根据新的《企业会计准则第18号——所得税》规定应计入所有者权益项目的当年所得税影响金额,并对应列在'资本公积'栏。"

张生边做笔记,心里想:"这所有者权益变动表的填列还是不简单的。"

"李伯,'净利润和直接计入所有者权益的利得和损失'这个科目又是怎么填列的?"张生完成笔记后问道。

"'净利润和直接计入所有者权益的利得和损失'科目反映了企业当年实现的净利润(或净亏损)金额和当年直接计入所有者权益的利得和损失金额的合计数。"李伯回答说。

"那'所有者投入和减少资本'这个科目又表示了什么含义?"张生继续问。

"'所有者投入和减少资本'科目反映了企业当年所有者投入的资本和减少的资本。"李伯整理了一下思路,然后又接着回答说,"其中:①'所有者投入资本'项目反映企业接受投资者投入形成的股本和资本溢价或股本溢价,并对应列在'股本'和'资本公积'栏;②'股份支付计入所有者权益的金额'项目反映企业处于等待期中的权益结算的股份支付当年计入资本公积的金额,并对应列在'资本公积'栏。"

"'利润分配'科目下各项目反映当年对股东分配的股利金额和按照规定提取的盈余公积金额,并对应列在'未分配利润'和'盈余公积'栏。"李伯端起茶杯喝了一口铁观音,又接着对'利润分配'科目进行讲解,"其中:①'提取盈余公积'项目反映企业按照规定提取的盈余公积;②'对股东的分配'项目反映企业对股东分配的股利金额。"

张生做完笔记之后,看了一下所有者权益变动表的模板,然后开口问道:"李伯,下面我们该学习'所有者权益内部结转'这个科目了吧?"

"是的。"李伯回答说:"'所有者权益内部结转'科目下各项目反映不影响当年所有者权益总额的所有者权益各组成部分之间当年的增减变动,包括资本公积转增股本、盈余公积转增股本、盈余公积弥补亏损等项目的金额。其中:①'资本公积转增股本'项目反映以资本公积转增股本的金额;②'盈余公积转增股本'项目反映以盈余公积转增股本的金额;③'盈余公积弥补亏损、项目反映以盈余公积弥补亏损的金额。"

讲解完所有者权益变动表的各个科目之后,李伯给自己倒了一杯清茶,然后细品几口。显然,品茶不仅是他招待客人的一种方式,更是他日常生活中的一项习惯。

张生翻看了自己的笔记之后,似乎有不明白的地方。于是,他开口问道:"李伯,刚才我们只学习了所有者权益变动表的分析目的,但是如何对该表进行分析还不了解,您能不能给我讲解一下这方面的内容呢?"

李伯回过神来,看了看张生然后说道:"那好,下面我们就学习一下所有者权益变动表的分析吧!"

"好的。"张生笑着回答说。

"对所有者权益变动表进行分析,主要应从股东各项目增减变动和利润分配这两个方面进行。"李伯开始讲解说。

"首先,我们从股东权益变动分析开始讲解。"李伯接着讲解所有者权益变动表分析的内容,"股东权益增减变动分析,就是根据股东权益变动表的资料和其他报表资料,分析企业股东各项目总额和各具体项目增减变动情况和变动趋势,以揭示增减变动的原因、存在的问题和差距。"

"李伯,您能具体地说明一下吗?"张生问道。

"好的。"李伯回答说,"股东权益增减变动分析,主要包括股东权益增减变动比较分析和股东权益增减变动比率分析。股东权益增减变动比较分析是指通过同类财务指标在不同时期或不同情况下数量上的比较,用以揭示指标间差异或趋势的一种方法。就股东权益增减变动而言,主要是对前后期股东总额、股东具体项目进行差异额和差异率分析,以了解指标完成情况、变动趋势,从而找到努力的方向。"

"在分析股东权益增减变动时,重点分析本年增减变动金额状况与资本公积变动情况。"李伯又接着解释说,"①本年增减变动金额项目是该表的核心部分,反映股东各项目从年初到年末的增减变化全过程及原因;②资本公积不同于股本,股本是投资者对公司的原始投入,而资本公积是由特定来源形成的,除股本溢价外,主要来自非股东投入。从性质上讲,资本公积属于股东权益,有特定的使用流向,是一种'准资本'。在对股东权益增减变动表进行分析时,要了解其形成过程,破解其使用流向,以便于投资者对公司的自有资本质量作出准确的判断。"

张生做完笔记之后,抬起头来,看着李伯问道:"李伯,刚才我们学习的是股东权益增减变动比较分析,那股东权益增减变动比率分析又是什么含义呢?"

"下面我们介绍股东权益增减变动比较分析。"李伯回答道,"股东权益增减变动比率分析是指通过计算同一时日或同一时期相关财务指标的比值,来揭示他们之间的关系及其经济意义,借以评价企业财务状况和经营成果的一种方法,具体包括相关比率分析、构成比率分析。"

"李伯,能给我详细地讲解一下这两种比例分析吗?"张生有些好奇地问。

"好的。"李伯笑着回答说:"①相关比率分析。与股东权益有关的相关比率有资本报酬率、净资产收益率、保值增值率、负债权益比率(产权比率)、附加资本(附加资本是指企业权益资本扣除实收资本后的余额,即表示企业用所有者实际投资带来的资本积累)对实收资本比率。通过与标准、与前期、与同行比较，找出差距，分析原因；②构成比率分析。对股东权益总额结构、股东权益各具体项目增减内部结构（编制百分比股东权益变动表）比对分析，以揭示增减变动原因。"

张生点点头，李伯的讲解回答了他心中的疑惑。完成笔记之后，他又开口问道："李伯，刚才我们所学习的都是股东权益变动分析的内容，下面能给我讲解一下利润分配的分析吗？"

李伯笑着回答说："好的。"

"所有者权益变动表的利润分配分析应包括利润分配活动全面分析、利润分配项目分析和利润分配政策分析3方面。"李伯开始对利润分配进行讲解，"利润分配活动全面分析主要是对利润分配的规模、结构的变动情况和利润分配的变动趋势进行分析。通过分析，揭示利润分配规模、结构和趋势变动的原因，并对其变动情况及变动的合理性作出评价。"

"那利润分配项目分析具体又是什么含义呢？"张生完成笔记后问道。

"利润分配项目分析主要是对企业留用利润项目和利润（或股利）分配进行分析，通过分析影响留用利润和利润（或股利）分配的因素，研究企业股利与留存收益之间比例关系确定的合理性。"李伯回答说。

"利润分配政策分析主要是对利润分配政策和股利支付方式的选择进行分析。"李伯讲解完以上的内容之后，又接着介绍道，"通过了解股利分配政策（如剩余股利政策、固定股利政策、固定股利比例政策、不分配股利政策、正常股利加额外股利政策等），股利支付方式的类型（如现金股利、财产股利、负责股利、股票股利等）及其优缺点，结合利润分配项目分析，评价企业选择股利政策的适当性与合理性。"

张生做完笔记之后，看了一下时间，然后说道："李伯，时间不早了，那我就先回去了。今天真是感谢您了！"

李伯笑笑说道："客气啦，记得下次再来做客。"

第六章

财务报表附注——财报的必要补充

从李伯家回来之后,张生一直想着要把那日所学的知识运用到实践中去。某日,张生从巨潮资讯上搜索了一份上市公司的财务报告,并认真地阅读起来。

在阅读完财务报告的四张报表之后,张生发现在报表的下面有一部分"附注"的内容。他看了几眼,感觉非常的陌生。拿出自己的笔记本,也没有找到相关的学习内容。此时他才意识到,那日在李伯家并没有学习这部分内容。

于是,他给李伯打了电话,并问道:"李伯,您现在有空吗?我在阅读财务报告的时候,发现'附注'内容不是很好理解,能向您请教一下吗?"

李伯笑着在电话中回答说:"小伙子,学习能力很强呀,都开始研究'附注'了!财务报表附注的内容比较烦琐,我现在有时间,过来我们一起探讨一下吧。"

听到李伯的回答之后,张生兴高采烈地说道:"好的,李伯。谢谢您了,我现在就过去。"

没过多久,张生便来到了李伯的住所。由于是第二次来访,所以轻车熟路,直接到了李伯家的门口。这次他带了一些家乡的特产,送给李伯尝个鲜。

李伯见状埋怨了几句,便把张生迎入屋内。二人在客厅坐定,李伯把张生上次拿来的龙井泡了一壶,以便让他解解渴。

第六章 财务报表附注——财报的必要补充

第一节 附注的结构与内容

几杯清茶过后,张生开口笑着说道:"李伯,真不好意思,这次又来打扰您了。财务报表的附注我实在是看不明白,所以又来向您讨教了。"

李伯笑着摆摆手说:"谈不上打扰,过来坐坐聊聊,老汉我挺高兴的。年轻人爱学习也是好事,自当尽我最大的能力帮你答疑解惑,所以不用客气。"

张生又接着说道:"李伯,关于财务报表附注的内容都不太明白,您能给我系统的讲解一下吗?"

李伯笑着回答说:"这个没问题,不过在正式讲解之前,先了解一下财务报表附注的结构吧!"

说着,李伯拿出了上次的那个类似于教案的笔记本,翻了几页之后,把笔记本放在了张生的面前。同时说道:"上市公司财务报表附注的编制一般都是按这些原则进行的。"

张生赶忙探身上前,一张财务报表的附注结构及其编制原则的表格就出现在了他的面前。

表6-1: 李伯教案

行次	填列内容
第一行	一、企业基本情况 企业应披露的历史沿革、注册资本、法定代表人、治理结构与组织结构、所处行业、经营范围和主要业务板块情况等。
第二行	二、不符合会计核算前提的说明

第三行	三、主要会计政策、会计估计的说明 企业按照要求对如下会计政策、会计估计进行的披露： （1）公司目前执行的会计准则和会计制度。纳入合并范围内的子公司与母公司执行的会计准则和会计制度不一致的，应披露子公司执行的会计准则和会计制度，并说明是否已按照相关规定进行了调整。 （2）会计年度。企业设立不足一个会计年度的，应说明其会计报表实际编制期间；子公司如采用的会计年度与我国会计制度规定不符的，需说明是否进行调整。 （3）记账本位币。如果子公司的记账本位币与母公司不一致的，需详细说明。 （4）记账基础和计价原则。 （5）外币业务的核算方法及折算方法。说明外币业务的折算，汇兑损益的处理方法以及外币报表折算差额的处理方法。 （6）现金及现金等价物的确定标准 （7）短期投资。说明短期投资计价及其收益确认方法，短期投资跌价准备的确认标准、计价方法。 （8）应收账款。说明应收款项确认为坏账的标准，坏账损失的核算方法，坏账准备的计提方法和计提比例，以及应收款项转让、质押、贴现等会计处理方法。 （9）存货。说明存货的分类，取得和发出的计价方法，存货的盘存制度以及低位易耗品和包装物的摊销方法，存货跌价准备的确认标准、可变现净值的确定依据、减值准备计提方法。 （10）长期投资。说明长期股权投资计价及收益确认方法，长期股权投资的核算方法，股权投资差额的摊销方法和期限；长期债权投资计价及收益确认方法，债券投资溢价或折价的摊销方法；长期投资减值准备的确认标准、计提方法。 （11）委托贷款。说明委托贷款计价、利息确认方法，委托贷款减值准备的确认标准、计提方法，以及委托贷款的保全措施。 （12）固定资产。说明固定资产的标准、分类、计价方法和折旧方法，固定资产后续支出的会计处理方法，固定资产减值准备的确认标准、计提方法。 （13）在建工程。说明在建工程结转为固定资产的标准，在建工程减值准备的确认标准、计提方法。 （14）无形资产。说明无形资产的计价方法、摊销方法、摊销年限，无形资产减值准备的确认标准、计提方法。

第三行	（15）长期待摊费用。说明长期待摊费用的内容、摊销方法、摊销年限。 （16）应付债券。说明应付债券的计价及债券溢价或折价的摊销方法。 （17）借款费用。说明借款费用资本化与费用化的原则，资本化金额的确定方法。 （18）预计负债。说明预计负债确认标准和计量方法。 （19）递延收益。说明递延收益的内容和摊销方法。 （20）收入确认原则。说明各类收入的确认原则。 （21）建造合同。说明建造合同收入、支出的确认原则和会计处理方法。 （22）租赁。说明租赁的分类、经营租赁会计处理方法和融资租赁的会计处理方法。 （23）所得税的会计处理方法。说明所得税的会计处理方法，所得税汇算清缴的方式，合并纳税情况。
第四行	四、会计政策、会计估计变更及会计差错的更正的说明 （1）会计政策、会计估计变更。应披露会计政策、会计估计变更的批准程序，变更的内容、理由和对企业财务状况、经营成果的影响金额，以及累积影响金额不能合理确定的理由。其中对减值准备、固定资产折旧等重要会计政策和会计估计的变更情况应详细披露。 （2）会计差错更正。应逐笔披露重大会计差错更正的内容、金额，以及形成差错的原因。
第五行	五、或有事项的说明 凡涉及或有事项，应按或有事项准则规定披露。并符合以下要求： （1）按集团内、集团外分项列示担保项目。 （2）说明本年度涉及起诉案件情况。 （3）或有负债预计产生的财务影响，如无法估计，应说明理由。 （4）或有负债获得补偿的可能性。
第六行	六、资产负债表日后事项的说明 应说明资产负债表日后股票和债券的发行、对某个企业的巨额投资、自然灾害导致的资产损失以及外汇汇率发生较大变动等非调整事项的内容，估计对财务状况、经营成果的影响。如无法作出估计，应说明其原因。

第七行	七、关联方关系及其交易 1）在存在控制关系的情况下，关联方如为企业时，不论它们之间有无交易，都应说明如下事项： （1）企业经济性质或类型、名称、法定代表人、注册地、注册资本及其变化。 （2）企业的主营业务。 （3）所持股份或权益及其变化。 2）在企业与关联方发生交易的情况下，企业应说明关联方关系的性质、交易类型及其交易要素，这些要素一般包括： （1）交易的金额或相应比例。 （2）未结算项目的金额或相应比例。 （3）定价政策（包括没有金额或只有象征性金额的交易）。 3）关联方交易应分别对关联方以及交易类型予以说明，类型相同的关联方交易，在不影响会计报表使用者正确理解的情况下可以合并说明。 4）对于关联方交易价格的确定如果高于或低于一般交易价格的，应说明其价格的公允性。
第八行	八、重要资产转让及其出售的说明 报告期内发生资产置换、转让及出售行为的企业，应专项披露资产置换的详细情况，包括资产账面价值、转让金额、转让原因以及对企业财务状况、经营成果的影响等。
第九行	九、企业合并、分立等重组事项说明 应披露本年度企业新设、收购、兼并、破产、转让等重大资产重组事项。
第十行	十、合并会计报表的编制方法
第十一行	十一、会计报表项目注释 包括：货币资金、短期投资、应收票据、应收款项、预付账款、存货、长期投资、固定资产、在建工程、无形资产、其他长期资产、短期借款、应付款项、应交税金、预计负债、长期借款、应付债券、未确认投资损失、主营业务收入与成本、其他业务利润、财务费用、投资收益、补贴收入、营业外收支等共计30多个项目，均逐一规定了其数据填列格式和内容，要求针对所有具体的报表项目的期初、期末、比例等作出注释。

第十二行	十二、母公司主要会计报表项目注释 对已编制合并会计报表的企业，在会计报表附注中，除对合并报表项目注释外，还应当对母公司报表的主要项目注释。按照以下要求披露： （1）母公司报表主要项目包括长期投资、主营业务收入和主营业务成本、投资收益、所得税等项目，应参照上述相应项目的要求加以注释。 （2）母公司从子公司分取的红利情况。 （3）子公司向母公司上交的管理费情况。 （4）母公司向子公司的补贴情况。
第十三行	十三、非货币性交易和债务重组的说明 非货币性交易、债务重组应按非货币性交易及债务重组准则规定披露。
第十四行	十四、会计报表的批准 说明年度会计报表经公司董事会（总经理办公会）或类似机构批准的情况。

第二节　会计政策、估计变更和差错更正

张生看过财务报表的附注结构及其编制原则之后,顿感犯晕,因为内容太过繁杂,一时也不知道该从哪里入手学习。

李伯看见此景,把刚才泡好的清茶给他倒了一杯,然后说道:"先喝杯龙井,对于财务报表附注的学习不要太过担心,有老汉在一定能让你理解掌握的。"

听过李伯的话之后,张生抬起头来,看着他笑了笑说:"让您费心了!我也是一时看到这么多内容没了信心。有您给我讲解,一定能解决这些问题的。"

李伯听过之后,笑着对张生说:"学习是一个过程,不用急的。这是你上次带过来的龙井,之前我喝过几次,确实是上等好茶。先喝了这杯清茶,之后我们再进行学习。"

张生端起茶杯笑着对李伯说:"好的。"

在张生细品龙井的时候,李伯看了看财务报表附注的结构。然后仔细地琢磨了一会,之后他的眉头渐渐的伸展开来,看来他对如何讲解这附注有了计划。

此时,张生也已经喝完清茶,开口对李伯说:"李伯,我们可以开始学习财务报表附注啦!"

李伯微笑着点点头说:"好的,我们先从财务报表附注的会计政策变更开始吧!"

张生点头同意了李伯的提议。

"会计政策,是指企业进行会计核算和编制会计报表时所采用的具体原则、方法和程序。"李伯开始对会计政策变更进行讲解,"会计政策变更,是指企业

对相同的交易或事项由原来采用的会计政策改用另一会计政策的行为。比较常见的会计政策变更有：企业在对被投资单位的股权投资在成本法和权益法核算之间的变更、坏账损失的核算在直接转销法和备抵法之间的变更、外币折算在现行汇率法和时态法或其他方法之间的变更等。"

张生拿出了自己的笔记本，对会计政策和会计政策变更的定义进行了记录。

"会计政策变更涉及会计收益或费用发生变化的，必然影响企业会计利润发生增减变化，但是否调整所得税，不能以企业会计利润的变动为判断标准，而应以会计政策的变更是否引起应纳税所得额发生增减变动为判断标准。"李伯接着对会计政策变更对企业的影响进行解释。

"李伯，在什么条件下企业可以对会计政策进行变更呢？"张生停下笔问道。

"企业选用的会计政策不得随意变更，但在符合下列条件之一时，企业可以变更会计政策。"李伯回答说，"第一、法律、行政法规或国家统一的会计制度等要求变更。这种情况是指，按照法律、行政法规以及国家统一的会计制度的规定，要求企业采用新的会计政策。在这种情况下，企业应当按规定改变原会计政策，采用新的会计政策。"

张生点点头，明白了李伯的讲解。

"第二，会计政策的变更能够提供更可靠、更相关的会计信息。"李伯又接着回答说，"这一情况是指，由于经济环境、客观情况的改变，使企业原来采用的会计政策所提供的会计信息，已不能恰当地反映企业的财务状况、经营成果和现金流量等情况，在这种情况下，应改变原有会计政策，按新的会计政策进行核算，以对外提供更可靠、相关的会计信息。"

"李伯，什么情况是不属于会计政策变更的？"张生有些好奇地问道。

"不属于会计政策变更的情况主要有两种。"李伯看了看张生，笑着回答道，"第一，本期发生的交易或者事项与以前相比具有本质差别而采用新的会计政策。例如，某企业以往租入的设备均为临时需要而租入的，企业按经营租赁会计处理方法核算。该企业原租入的设备均为经营性租赁，本年度起租赁的设备均改为融资租赁，由于经营租赁和融资租赁有着本质差别，因而改变会计政策不属于会计政策的变更。"

"那第二种情况呢？"张生接着问道。

"第二，对初次发生的或不重要的交易或者事项采用新的会计政策。该企业改变低值易耗品处理方法后，对损益的影响并不大，并且低值易耗品通常在企业生产经营中所占的比例不大，属于不重要的事项，因而改变会计政策不属于会计政策变更。"李伯对第二种情况进行了解释。

张生点点头，并对李伯的讲解做了记录，以备以后进行更深入的学习。

"下面我们学习一下会计估计变更的内容吧！"李伯讲解完会计政策变更时说道。

"好的。"张生回答说。

"会计估计是指企业对其结果不确定的交易或事项以最近可利用的信息为基础所作的判断。而会计估计变更，是指由于资产和负债的当前状况及预期未来经济利益和义务发生了变化，从而对资产或负债的账面价值或资产的定期消耗金额进行的重估和调整。例如，固定资产折旧方法由年限平均法改为年数总和法。"李伯接着对会计估计和会计估计变更的定义做了介绍。

"李伯，企业要进行会计估计变更，一般要经过什么样的程序呀？"张生抬头问道。

"企业应当根据企业会计准则的规定，结合本企业的实际情况，确定会计估计，经股东大会或董事会、经理（厂长）会议或类似机构批准，按照法律、行政法规等的规定报送有关各方备案。"李伯给自己倒了一杯龙井之后，接着回答了张生的问题，"企业的会计估计一经确定，不得随意变更。如需变更，应重新履行上述程序，并按企业会计准则的规定处理。如果以前期间的会计估计是错误的，则属于差错，按前期差错更正的规定进行会计处理。"

第六章 财务报表附注——财报的必要补充

"李伯,一般情况下,是由于什么原因而需要进行会计估计变更?"张生问道。

"通常情况下,企业可能由于以下原因而发生会计估计变更。"李伯回答道,"第一,赖以进行估计的基础发生了变化。企业进行会计估计,总是依赖于一定的基础。如果其所依赖的基础发生了变化,则会计估计也应当做出改变。例如,企业某项无形资产的摊销年限原定为10年,以后发生的情况表明,该资产的收益年限已不足10年,则应适当调减摊销年限。"

"第二,取得了新的信息,积累了更多的经验。企业进行会计估计是就现有的资料对未来所做的判断,随着时间的推移,企业有可能取得新的信息、积累更多的经验,在这种情况下,也需要对会计估计重新修订。"李伯端起茶杯细品了一口,接着解释说,"例如,企业原根据当时能够得到的信息,对应收款项按其余额的5%计提坏账准备。现掌握了新的信息,判定不能收回的应收款项比例已达15%,则企业改按15%的比例计提坏账准备;又如,企业原对固定资产采用年限平均法按15年计提折旧,后来根据新的信息,固定资产经济使用寿命不足15年,只有10年,则企业改按10年采用年限平均法计提固定资产折旧。"

"李伯,但是企业进行会计估计变更之后,各期的财务报表能有可比性吗?"张生又开口问道。

"为了使不同期间的财务报表能够可比,如果以前期间的会计估计变更的影响数计入了日常经营活动损益,则以后期间也应计入日常经营活动损益;如果以前期间的会计估计变更的影响数计入特殊项目,则以后期间也应计入特殊项目。"李伯回答说。

张生点点头,同时快速地做着笔记,有些内容要在以后进行复习后他才能完全理解掌握。

完成笔记之后,张生喝了一口龙井,然后开口问道:"李伯,我们下面学习什么内容呀?"

李伯停顿了一下，然后笑着回答说："下面我们学习一下会计差错的更正吧！"

"李伯，那我们现在就可以学习了吧？"张生对新内容产生了兴趣。

"好，好！下面我们就学习会计差错的更正。"李伯笑着回答说道，"会计差错更正是指对企业在会计核算中，由于计量、确认、记录等方面出现的错误而进行的纠正。"

"企业的经济事项或交易进入会计系统后，经过确认、计量、记录和报告，输出对信息使用者有用的会计信息。在确认、计量、记录过程中由于种种原因会产生差错。会计差错特别是重大差错若不及时、正确地更正，不仅影响会计信息的可靠性，而且可能误导投资者和其他信息使用者，使其作出错误的决策或判断。"李伯接着补充道。

"李伯，企业更正会计差错的方法一般有哪些？"张生停下笔记问道。

"汇总各种法律规范的规定，企业更正会计差错的方法可以分为两大类：一是更正的技术方法，二是是否追溯的方法。"李伯思考片刻之后，回答道。

"李伯，什么是'更正的技术方法'，它主要包含什么内容呀？"张生有些不解地问道。

"更正会计差错的方法从技术角度看包括划线更正法、红字注销法、蓝字反方向更正法（蓝字更正法），红少蓝多、红蓝字更正法（综合调整法）等。"李伯回答说。

"李伯，这种方法在发生会计差错时该怎么运用呢？"张生又接着问道。

"如果账簿记录发生错误，则应按照规定采用划线更正法进行更正；已经登记入账的记账凭证，在当年内发现填写错误时，可以用红字填写一张与原内容相同的记账凭证，在摘要栏注明'注销某月某日某号凭证'字样，同时再用蓝字重新填制一张正确的记账凭证，注明'订正某月某日某号凭证'字样。"李伯开始对"更正的技术方法"进行解释说，"如果会计科目没有错误，只是金额错误，也可以将正确数字与错误数字之间的差额，另编一张调整的记账凭证，调增金额用蓝字，调减金额用红字；发现以前年度记账凭证有错误的，应当用蓝字填制一张更正的记账凭证。"

"据此规定，只更正账簿的方法则是划线更正法；调整记账凭证金额用红字则是红字注销法；调整记账凭证金额用蓝字则是蓝字更正法；对某错误同时使用红、蓝字则是综合调整法。红字表示注销或减少，醒目明了，红字过多则又让人眼花缭乱，反映的内容会不清晰；蓝字记录若与原分录方向相反则表示注销或减少，填制的补充分录则为增加。"李伯对更正的技术方法进行总结。

"李伯，'是否追溯的方法'又是什么含义呢？"张生听完李伯的讲解后问道。

"会计差错更正按是否追溯到差错发生的当期或尽可能的早期，分为追溯重述法和未来适用法。"李伯开始对"是否追溯的方法"进行解释说，"追溯重述法，是指在发现前期差错时，视同该项前期差错从未发生过，从而对财务报表相关项目进行更正的方法。未来适用法，是指不追溯而视同当期差错一样更正。"

"企业可以自由的选择使用这两种方法吗？"张生听过李伯的介绍后问道。

"企业应当采用'追溯重述法'更正重要的前期差错，但确定前期差错累积影响数不切实可行的除外。"李伯拿起茶杯细品了一口，然后回答说、"确定前期差错影响数不切实可行的，可以从可追溯重述的最早期间开始调整留存收益的期初余额，财务报表其他相关项目的期初余额也应当一并调整，也可以采用未来适用法。追溯重述法与未来适用法相比，追溯重述法纠错针对性更强、更准确，但过程复杂，成本较大。"

"哦，原来是这样处理的呀！那会计差错更正要遵循什么原则吗？"张生问道。

"会计差错更正主要遵循3方面的原则。"李伯回答道，"第一，会计差错更正必须遵守有关的法律规范；第二，会计差错更正必须符合会计原理和核算程序的基本要求；第三，会计差错更正必须具有针对性。"

第三节　或有事项与关联交易

张生完成笔记之后，拿起茶杯细品了一口龙井。经过一段时间的学习，他感觉有些疲劳，也没有继续向李伯提问，而是在静静地翻看自己的笔记。

李伯看到此景，也没有继续讲解，给自己倒了一杯清茶，和眼前的这位小伙子闲聊起来。

"小伙子，最近工作怎么样？"李伯端起茶杯细品了一口，然后开口问道。

"哦，和原来差不多吧，做熟练了也感觉没有压力啦！"张生抬起头笑着回答说。

"以后有没有什么打算呀？"李伯放下茶杯笑着点点头，然后又接着问道。

"比较具体的还没有，不过以后有了一定的资本会多做一些投资吧！"张生回答道。

"不错！不错！小伙子，理财意识还是蛮强的。"李伯点点头，对张生赞许道。

"谢谢李伯的夸奖，不过现在关于投资理财的知识还是学习的太少了，以后得多多努力才行。"张生听到有人夸奖自己，马上谦虚地回答说。

"是的，知识还是要多学习的，否则投资就与赌博无异啦！"李伯若有所思地讲道，"好了，言归正传。下面我们学习一下财务报表附注的'或有事项'吧！"

"好的！"张生回答说。经过一段时间的休息之后，张生恢复了精力。

"或有事项，是指过去的交易或者事项形成的，其结果须由某些未来事件的发生或不发生才能决定的不确定事项。常见的或有事项有：未决诉讼或仲裁、债务担保、产品质量保证（含产品安全保证）、环境污染整治、承诺、亏损合同、

重组义务等。"李伯对或有事项的定义作了解释，"它的主要特征是：第一，由过去交易或事项形成。即或有事项的现存状况是过去交易或事项引起的客观存在。第二，结果具有不确定性。即或有事项的结果是否发生具有不确定性，或者或有事项的结果预计将会发生，但发生的具体时间或金额具有不确定性。第三，由未来事项决定。即或有事项的结果只能由未来不确定事项的发生或不发生才能决定。"

"李伯，或有事项一般都有哪些种类？"张生听完李伯的讲解之后开口问道。

"一般可以将或有事项分为两类：或有资产和或有负债。"李伯回答说，"或有资产是指过去的交易或者事项形成的潜在资产，其存在须通过未来不确定事项的发生或不发生予以证实。或有资产作为一种潜在资产，其具有较大的不确定性，只有随着经济情况的变化，通过某些未来不确定事项的发生或不发生才能证实其是否会形成企业真正的资产。"

张生边做笔记边点点头，表示明白了或有资产的含义。完成笔记之后，他开口问道："或有负债又是什么含义呢？"

"或有负债是指过去的交易或事项形成的潜在义务，履行该义务不是很可能导致经济利益流出企业或该义务的金额不能可靠地计量。"李伯回答道，"由此可见，或有负债包括两类义务：一类是潜在义务，另一类是特殊的现时义务。"

张生做着笔记的时候，突然想起了什么，然后疑惑地开口问道："李伯，既然或有负债是指过去的交易或事项形成的潜在义务，那么我们怎么对它进行确认呢？"

"小伙子，你是个有心人呀！"李伯笑着点点头说，"或有事项的确认所涉及的问题是，与或有事项有关的义务应在符合什么条件时确认为负债。如果与或有事项相关的义务同时符合以下条件，企业应将其确认为负债：第一，该义务是企业承担的现时义务；第二，该义务的履行很可能导致经济利益流出企业；第三，该义务的金额能够可靠地计量。"

"李伯，您能给我详细的讲解一下吗？"张生皱着眉头，有些不解地问道。

"履行或有事项相关义务导致经济利益流出企业的可能性，通常按照下列情况加以判断：第一，'基本确定'指发生的可能性大于95%但小于100%；第二，'很可能'指发生的可能性大于50%但小于或等于95%；第三，'可能'指发生的可能性大于5%但小于或等于50%；第四，'极小可能'指发生的可能性大于0但小于或等于5%。"李伯听到张生的问题之后思考了一会，又接着对以上的内容进行补充说。

张生边做笔记边点点头，看来这次他理解了李伯对或有事项确认问题的讲解。

"下面我们学习一下或有事项的计量吧！"李伯给自己倒了一杯龙井，接着说道。

"好的，李伯。"张生回答说。

"或有事项的计量主要涉及3个问题：第一，最佳估计数的确定；第二，预期可获得的补偿的处理；第三，企业应当在资产负债表日对预计负债的账面价值进行复核。"李伯停顿片刻，整理了一下思路然后说道。

"李伯，那最佳估计数在实践中是怎么确定的？"张生有些不解地问道。

"最佳估计数一般按照如下方法确定：预计负债应当按照履行相关现时义务所需支出的最佳估计数进行初始计量。所需支出存在一个连续范围，且该范围内各种结果发生的可能性相同的，最佳估计数应当按照该范围内的中间值确定。"李伯回答说，"比如，甲公司认为很可能赔偿的金额在50万元～70万元，则按其中间值确定预计负债60万元。"

"在其他情况下，最佳估计数应当分下列情况进行处理：第一种情况，或有事项涉及单个项目的，按最可能发生的金额确定。'涉及单个项目'是指或有事项涉及的项目只有一个，如一项未决诉讼、一项未决仲裁或一项债务担保等。"李伯接着对最佳估计数的确定方法进行讲解说。

"那第二种情况呢？"张生问到。

"第二种情况,或有事项涉及多个项目的,按照各种可能结果及相关概率确定。'涉及多个项目'指或有事项涉及的项目不止一个。如在产品质量保证中,提出产品保修要求的可能有许多客户,相应地,企业对这些客户都负有保修义务,应根据发生质量问题的概率及相关的保修费用计算确定应予确认的负债金额(即计算加权平均数)。"李伯对第二种情况进行解释说。

"李伯,那'预期可获得的补偿的处理'又是怎么理解的呢?"张生转换了新的内容。

"企业清偿预计负债所需支出全部或部分预期由第三方补偿的,补偿金额只有在基本确定能够收到时才能作为资产单独确认。在确定补偿金额时应注意以下几点。"李伯回答说,"第一,补偿金额只有在'基本确定'能收到时予以确认,即发生的概率在95%以上时才能做账,将补偿金额计入账内。第二,补偿金额应单独确认为资产,即应计入'其他应收款'科目,不能直接冲减'预计负债'。"

"那在什么情况下,企业应当在资产负债表日对预计负债的账面价值进行复核?"张生又接着问道。

"有确凿证据表明该账面价值不能真实反映当前最佳估计数的,应当按照当前最佳估计数对该账面价值进行调整。"李伯接着回答说,"例如,前期对未决诉讼已确认预计负债500万元,现有确凿证据表明,赔偿的金额很可能是600万元,则应将预计负债调整为600万元,同时确认损失100万元。"

李伯给自己倒了一杯龙井,然后说道:"或有事项我们学习的差不多啦,下面我们开始学习财务报表附注里的'关联方交易'这项新的内容吧!"

"好的!"张生在整理着自己的笔记,或有事项的内容比较多,在做笔记的时候可能比较匆忙。

"关联方交易是指关联方之间发生转移资源或义务的事项,而不论是否收取价款。"李伯停顿了一会,整理了思路之后,对'关联方交易'的定义作了解

149

一本书看透财报中的买点与卖点

释,"关联方是一方控制、共同控制另一方或对另一方施加重大影响,以及双方或双方以上同受一方控制、共同控制的,构成关联方。"

"李伯,对于'关联方交易',您能再给我详细讲解一下吗?"张生没有完全理解'关联方交易'的定义。

"关联方交易是一种独特的交易形式,具有两面性的特征,具体表现在:从制度经济学角度看,与遵循市场竞争原则的独立交易相比较,关联方之间进行交易的信息成本、监督成本和管理成本要少,交易成本可得到节约,故关联方交易可作为公司集团实现利润最大化的基本手段;从法律角度来看,关联方交易的双方尽管在法律上是平等的,但在事实上却不平等,关联人在利己动机的诱导下,往往滥用对公司的控制权,使关联方交易违背了等价有偿的商业条款,导致不公平、不公正的关联方交易的发生,进而损害了公司及其他利益相关者的合法权益。"李伯从经济和法律两方面对'关联方交易'作了进一步的说明与讲解。

这次张生似乎有所明白了,不停地在笔记本上写着李伯刚才所讲的内容。

"关联方交易的类型通常包括下列各项。"李伯接着对关联方交易的类型进行解释说,"①购买或销售商品;②购买或销售商品以外的其他资产;③提供或接受劳务;④担保;⑤提供资金(贷款或股权投资);⑥租赁;⑦代理;⑧研究与开发项目的转移;⑨许可协议;⑩代表企业或由企业代表另一方进行债务结算;⑪关键管理人员薪酬。"

"关联方交易的类型有这么多种呀,那关联方的企业是不是也有很多类型呀?"张生惊讶地说道。

"是呀,关联方的企业也有很多类型。"李伯笑着回答说,"①该企业的母公司;②该企业的子公司;③与该企业受同一母公司控制的其他企业;④对该企业实施共同控制的投资方;⑤对该企业施加重大影响的投资方;⑥该企业的合营企业;⑦该企业的联营企业;⑧该企业的主要投资者个人及与其关系密切的家庭成员;⑨该企业或其母公司的关键管理人员及与其关系密切的家庭成员;⑩该企业主要投资者个人、关键管理人员或与其关系密切的家庭成员控制、共同控制或施加重大影响的其他企业。"

张生边做笔记，心里边想：要想读懂掌握企业的会计报表附注还真是不容易呀！

完成笔记之后，张生开口问道，"李伯，咱们国家的上市公司关联方交易是什么现状呀？"

李伯听到这个问题之后思考了片刻，表情有些凝重。然后他慢慢地开口讲道："在咱们国家，关联方交易广泛地存在于上市公司的日常业务经营活动之中，而上市公司与控股股东之间进行的关联交易更有其深刻的根源。咱们国家的股票市场是因经济体制改革而设立，因国企改革而得到发展。它的设计和组建并不是按照欧美国家那样完全以市场化的方式进行，而是带有明显的计划经济和行政控制的色彩，融资是企业改制上市的主要目的。这就导致原有企业单纯为了上市融资而实行股份制，制度改造和机制转换不彻底，仅仅停留在表面和形式上，造成了大量的控股股东和上市公司之间不公平的关联方交易的产生。"

"那这种现象具体表现在什么方面呢？"张生想对这种关联方交易有进一步的了解。

"这种现象具体表现在以下几个方面：第一，上市公司股权结构不合理，国有股'一股独大'的现象相当普遍；第二，上市公司的治理结构很不完善，股东大会实际操纵在大股东手中，中小股东的利益难以在公司的决策和实际运作中体现；第三，在这种不彻底的改制下形成的上市公司，从严格意义上来说并不是真正具有独立人格的法人实体。"李伯进行总结说。

张生点点头，似乎有所领悟。心里默念道：也许这是中国股市不能健康发展的原因之一吧！

一本书看透财报中的买点与卖点

第四节 资产负债表日后事项和财务情况说明书

张生在完成笔记之后，端起茶杯细品了一口龙井，同时也翻看着之前的笔记，检查一下是否有所遗漏。

此刻，李伯似乎在思考着什么，静静地坐在那里，并没有继续讲解新的内容。

检查完笔记之后，张生抬头问道："李伯，财务报表附注还有哪些内容没有学习呀？"

李伯拿起类似于教案的笔记本，翻了几页，然后轻声说道："附注里没有学习的内容还有很多，不过有些内容比较简单，你那么聪明自己也可以看得懂的。"

张生听到这里开心地笑了笑，然后说道："李伯，那您挑一些比较难的内容给我讲解一下吧！"

李伯抬起头，笑着看了看张生，然后回答说："好的，那我就找一些比较难理解的内容讲解一下，那些比较简单理解的内容就靠你自学啦！"

"好的。"张生笑着回答说。

李伯又低下头，翻看自己的笔记本。他要把财务报表附注里那些比较难的内容找出来，然后讲解给面前的这位年轻人，好让他学会怎么去阅读上市公司的财务报表附注。

经过一段时间的寻找，李伯放下了他手中的笔记本。然后开口对张生说道："我们先学习一下财务报表附注里的资产负债表日后事项这部分内容吧！"

张生点点头，表示同意李伯的提议。

第六章 财务报表附注——财报的必要补充

"资产负债表日后事项是指自年度资产负债表日至财务会计报告批准报告日之间发生的需要调整或说明的事项。"李伯对资产负债表日后事项做了解释，"资产负债表日是指会计年度末和会计中期期末。按照《中华人民共和国会计法》的规定，我国的会计年度采用公历年度，即每年1月1日至12月31日。因此，年度资产负债表日是指每年的12月31日，中期资产负债表日是指各会计中期期末，包括月末、季末和半年年末。财务报告批准报出日是指董事会或类似机构批准财务报告报出的日期。通常是指对财务报告的内容负有法律责任的单位或个人批准财务报告对外公布的日期。"

"李伯，那资产负债表日后事项都有哪些？"张生停下手中的笔，抬头问道。

"资产负债表日后事项包括有利事项和不利事项，即对于资产负债表日后有利或不利事项。"李伯对资产负债表日后事项进行解释说，"资产负债表日后事项，如果属于调整事项，对有利和不利的调整事项均应进行处理，并调整报告年度或报告中期的财务报表；如果属于非调整事项，对有利和不利的非调整事项均应在报告年度或报告中期的附注中进行披露。"

"资产负债表日后事项不是在这个特定期间内发生的全部事项，而是与资产负债表日存在状况有关的事项，或虽然与资产负债表日存在状况无关，但对企业财务状况具有重大影响的事项。"李伯又接着对资产负债表日后事项进行解释说。

张生有些不太明白李伯说讲的内容，所以皱起了眉头，努力地思考着。

李伯看到这种情景，微微一笑，又接着说道："举个例子，资产负债表日正在进行的诉讼案件，在资产负债表日后事项期间结案，这一事项是与资产负债表日存在状况有关的事项。再比如，某公司董事会在资产负债表日后事项期间内通过以发行可转换公司债券方式筹集资金的决议，此事项与资产负债表日存在状况不存在直接的关系，但如果发行了可转换公司债券，该事项将对公司的财务状况产生重大影响。"

张生听完豁然开朗，笑着对李伯说："哦，原来是这个含义，李伯我明白了！"

张生低头看了一下笔记，然后又开口问道："李伯，您刚才提到的调整事项和非调整事项是什么含义呀？"

"资产负债表日后调整事项，是指对资产负债表日已经存在的情况提供了新的或进一步证据的事项。它的特点是：①在资产负债表日已经存在，资产负债表日后得以证实的事项；②对按资产负债表日存在状况编制的财务报表产生重大影响的事项。"李伯听到张生的提问之后，笑着回答说，"资产负债表日后非调整事项，是指表明资产负债表日后发生情况的事项。资产负债表日后非调整事项虽然不影响资产负债表日的存在情况，但不加以说明将会影响财务报告使用者做出正确的估计和决策。"

张生点点头，并对李伯的讲解做了笔记。

"下面我们学习一下资产负债表日后调整事项的处理原则。"李伯端起茶杯细品了一口，然后说道。

"好的。"张生回答说。

"企业发生的资产负债表日后调整事项调整的是资产负债表日已编制的财务报表。"李伯解释道，"由于资产负债表日后事项发生在次年，上年度的有关账目已经结转，特别是损益类科目在结账后已无余额。因此，资产负债表日后发生的调整事项，应具体分几种情况进行处理。"

"第一，涉及损益的事项，通过'以前年度损益调整'科目核算。调整增加以前年度利润或调整减少以前年度亏损的事项，记入'以前年度损益调整'科目的贷方；调整减少以前年度利润或调整增加以前年度亏损的事项，记入'以前年度损益调整'科目的借方。"李伯开始对具体处理原则进行讲解，"第二，涉及利润分配调整的事项，直接在'利润分配——未分配利润'科目核算。第三，不涉及损益以及利润分配的事项，调整相关科目。第四，进行上述账务处理的同时，还应调整财务报表相关项目的数字，包括：①资产负债表日编制的财务报表相关项目的期末或本年发生数；②当期编制的财务报表相关项目的期初数或上年数；③提供比较财务报表时，还应调整相关财务报表的上年数；④上述调整如果涉及附注内容的，还应当调整附注相关项目的数字。"

张生飞快地做着笔记，由于李伯所讲的内容比较多，所以他要加快速度才能跟上李伯的讲解。

"李伯，资产负债表日后非调整事项的处理原则又是什么呢？"张生完成笔记后问道。

"资产负债表日后发生的非调整事项，是指表明资产负债表日后发生的情况的事项，不影响资产负债表日存在状况，不应当调整资产负债表日的财务报表。但由于事项重大，如不加以说明，将会影响财务报告使用者作出正确的估计和决策，因此应在附注中加以披露。"李伯回答道，"资产负债表日后，企业利润分配方案中拟分配的以及经审议批准宣告发放的股利或利润，不确认为资产负债表日后负债，但应当在附注中单独披露。"

"资产负债表日后发生的非调整事项，应当在报表附注中披露每项重要的资产负债表日后非调整事项的性质、内容，及其对财务状况和经营成果的影响。无法作出估计的，应当说明原因。"李伯接着对解释道，"资产负债表日后非调整事项的主要有：①资产负债表日后发生的诉讼、仲裁、承诺；②资产负债表日后资产价格、税收政策、外汇汇率发生重大变化；③资产负债表日后因自然灾害导致资产发生重大损失；④资产负债表日后发行股票和债券以及其他巨额举债；⑤资产负债表日后资本公积转增资本；⑥资产负债表日后发生巨额亏损；⑦资产负债表日后发生企业合并或处置子公司。"

张生完成笔记之后，放下手中的笔，端起茶杯喝了一口清茶。然后开口问道："李伯，资产负债表日后调整事项还有其他要学习的内容吗？"

李伯给自己倒了一杯清茶，然后开口说道："有关资产负债表日后事项的内容暂时没有需要学习的了，下面我们学习附注的财务情况说明书吧！"

"好的。"张生回答说。

"财务情况说明书是对单位一定会计期间内财务、成本等情况进行分析总结的书面文字报告,也是财务会计报告的重要组成部分。财务情况说明书全面提供了公司、企业和其他单位生产经营、业务活动的情况。分析总结经营业绩和存在问题及不足,是企业财务会计报告使用者,特别是单位负责人和国家宏观管理部门了解和考核各单位生产经营和业务活动开展情况的重要资料。"李伯开始对财务情况说明书进行讲解,"财务情况说明书一般都会对以下内容进行说明:①公司、企业生产经营状况;②利润实现和利润分配情况;③资金增减和资金周转情况;④所有者权益增减变动情况;⑤各种财产物资变动情况;⑥其他需要说明的事项。"

"李伯,编制财务情况说明书有什么标准或者什么要求吗?"张生问道。

李伯思考了片刻,然后慢慢地开口讲道:"在编制财务情况说明书时,须注意以下的要求:①突出重点、兼顾一般;②观点明确、抓住关键;③注重实效、抓住关键;④客观公正、真实可靠;⑤报告清楚、文字简练。"

"李伯,公司、企业生产经营状况这部分一般都会披露企业的哪些内容?"张生问道。

"这部分披露的内容基本上有以下几方面:第一,企业主营业务范围和附属其他业务,纳入年度会计决算报表合并范围内企业从事业务的行业分布情况;未纳入合并的应明确说明原因;企业人员、职工数量和专业素质的情况;报表编报口径说明。"李伯端起茶杯,喝了一口龙井,然后回答说,"第二,本年度生产经营情况,包括主要产品的产量、主营业务量、销售量(出口额、进口额)及同比增减量,在所处行业中的地位,如按销售额排列的名次;经营环境变化对企业生产销售(经营)的影响;营业范围的调整情况;新产品、新技术、新工艺开发及投入情况。第三,开发、在建项目的预期进度及工程竣工决算情况。第四,经营中出现的问题与困难,以及需要披露的其他业务情况与事项等。"

第六章 财务报表附注——财报的必要补充

"那利润实现、分配及企业亏损情况这部分一般又会披露企业的哪些内容？"张生问道。

"该部分主要披露的内容有：第一，主营业务收入的同比增减额及主要影响因素。第二，成本费用变动的主要因素。第三，其他业务收入、支出的增减变化，若其收入占主营业务收入10%（含10%）以上的，则应按类别披露有关数据。第四，同比影响其他收益的主要事项。第五，利润分配情况。第六，利润表中的项目，如两个期间的数据变动幅度达30%（含30%）以上，且占报告期利润总额10%（含10%）以上的，应明确说明原因。第七，会计政策变更的原因及其对利润总额的影响数额，会计估计变更对利润总额的影响数额。第八，其他。"李伯对张生的提问讲解道。

"资金增减和资金周转情况这部分主要披露的内容有：第一，各项资产所占比重，应收账款、其他应收款、存货、长期投资等变化是否正常，增减原因；长期投资占所有者权益的比率及同比增减情况、原因、购买和处置子公司及其他营业单位的情况。"李伯接着对资金增减和资金周转情况这部分进行了解释，"第二，资产损失情况，包括待处理财产损益主要内容及其处理情况，按账龄分析三年以上的应收账款和其他应收款未收回原因及坏账处理办法，长期积压商品物资、不良长期投资等产生的原因及影响。第三，流动负债与长期负债的比重，长期借款、短期借款、应付账款、其他应付款同比增加金额及原因；企业偿还债务的能力和财务风险状况；三年以上的应收账款和其他应付款金额、主要债权人及未付原因；逾期借款本金和未还利息情况。第四，企业从事证券买卖、期货交易、房地产开发等业务占用资金和效益情况。第五，企业债务重组事项及对本期损益的影响。第六，资产、负债、所有者权益项目中，如两个期间的数据变动幅度达30%（含30%）以上，且占报告期资产总额5%（含5%）以上的，应明确说明原因。"

"而所有者权益增减变动情况这部分主要披露的内容有：第一，会计处理追溯调整影响年初所有者权益的变动情况,并应具体说明增减差额及原因。第二,所有者权益本年年初与上年年末因其他原因变动情况,并应具体说明增减差额及原因。第三,所有者权益本年度内经营因素增减情况。第四,对国有资本保值增值产生影响的主要客观因素情况及增减数额。"李伯接着说道。

第五节　财务报表附注案例

李伯喝了一口清茶，然后拿起自己教案似的笔记本，翻了几页放在了张生的面前，同时开口说道："小伙子，这是一个财务报表附注的案例，你详细地学习一下！"

"好的，李伯，这个我要仔细地研究一下。"张生拿起李伯的教案后，一个完整的财务报表附注案例出现在了他的眼前。

财务报表附注案例：

北京通达贸易有限公司财务报表附注

2015年12月31日

附注一：公司简介

北京通达贸易有限公司（以下简称"本公司"）于2006年07月01日经国家工商行政管理局批准注册成立。企业法人营业执照注册号：×××××××；法定代表人：×××；注册资金：100万人民币；经营范围：从事货物及技术的进出口业务。

附注二：主要会计政策

一、会计制度

执行《企业会计制度》《企业会计准则》及其补充规定。

二、会计期间

会计年度为公历每年1月1日至12月31日。

三、记账本位币

人民币。

四、记账基础和计价原则

以权责发生制为记账基础；除应收账款、其他应收款、短期投资、长期投资、固定资产、在建工程、无形资产按计提相应准备后以净额列示外，其他资产和负债计价均采用历史成本为计价原则。

五、记账方法

采用借贷复式记账法。

六、现金等价物的确认标准

持有期限短、流动性强、易于转化为已知金额现金、价值变动风险很小的短期投资。

七、外币业务核算方法

公司对年度内发生的外币业务，采用业务发生当日的市场汇率折合为人民币入账；月末对外币账户余额按月末市场汇率的中间价调整，由此产生的汇兑损益，与购建固定资产有关的在固定资产交付使用前计入固定资产，除此之外计入当期财务费用。

八、合并财务报表编制方法

1. 编制方法

根据财政部财会字[1995]11号《关于印发"合并财务报表暂行规定"的通知》的规定，以公司本部和纳入合并范围的子公司的财务报表以及其他资料为依据，合并各项目数额编制而成。合并时，公司的重大内部交易和资金往来均相互抵销。

2. 相关规定

对行业特殊及子公司规模较小，符合财政部财会二字[1999]2号《关于合并财务报表合并范围请示的复函》文件的规定，则不予合并。

九、坏账损失的核算方法

1. 坏账的确认标准

对因债务人撤销、破产，依照法律清偿程序后确实无法收回的应收款项，因

债务人死亡,既无遗产可清偿,又无义务承担人,确实无法收回的应收款项;因债务人逾期未履行偿债义务超过5年,确实无法收回的应收款项。

2. 坏账损失的核算方法:采用备抵法核算,坏账损失发生时,由公司经理提交书面材料,按照公司管理权限,由董事会或股东大会批准后,冲销已提取的坏账准备。

3. 坏账准备的计提方法

该企业坏账准备的计提方法为个别计提法。

十、存货的核算方法

(1)存货是指本公司在生产经营过程中为销售或者耗用而储备的原材料、在途材料、委托加工材料、在产品、产成品、低值易耗品及发出商品等项目。外购存货按实际成本计价。

(2)存货的盘存制度为永续盘存制。

(3)原材料按实际成本核算,发出计价按加权平均法。

(4)产成品按实际成本计价,发出计价按加权平均法。

(5)低值易耗品采用五五摊销法进行摊销。

十一、长期投资核算方法

1. 长期股权投资的核算方法

(1)长期股权投资的计价及收益确认方法。

长期股权投资取得时的成本,为取得长期股权投资时支付的全部价款,或放弃非现金资产的公允价值,或取得长期股权投资的公允价值,包括税金、手续费等相关费用。公司对其他单位的投资占该单位有表决权资本总额20%以下,或对其他单位的投资虽占该单位有表决权资本总额20%或以上,但不具有控制权或重大影响的,采用成本法核算;公司对其他单位的投资占该单位有表决权资本总额20%或以上,或虽投资不足20%但有控制权或重大影响的,采用权益法核算。公司对其他单位的投资占该单位有表决权资本总额50%以上编制合并财务报表。若对被投资单位有其他额外的责任（如提供担保），投资账面价值不以减记至0为限。

（2）股权投资差额的摊销方法。

合同规定了投资期限的按投资期限摊销；新制度解释已颁布后发生的合同没有规定投资期限的，借方差额在10年内平均摊销，贷方差额计入资本公积。

2. 长期债权投资的核算方法

长期债权投资的计价及收益确认方法：长期债权投资取得时的成本为取得长期债权投资时支付的全部价款，包括税金、手续费等相关费用。

长期债权投资按期计提利息，计提的利息按债权面值以及票面利率或合同规定的利率计算，并计入当期投资收益。

3. 长期投资减值准备的确认标准、计提方法

对由于市价持续下跌或被投资单位经营状况变化等原因导致其可收回金额低于投资的账面价值，并且降低的价值在可预计的未来期间内不可恢复，将可收回金额低于长期投资账面价值的差额，计提长期股权投资减值准备。已确认损失的长期股权投资价值又得以恢复，在原已确认的投资损失金额内转回。

十二、固定资产及累计折旧的核算方法

1. 固定资产的标准

固定资产是指使用年限在1年以上的房屋及建筑物、通用设备、专用设备、运输工具以及其他与生产、经营有关的设备、器具、工具等；不属于生产、经营主要设备的物品，单位价值2000元以上，并且使用年限超过2年的，也作为固定资产。

2. 计价方法

固定资产按实际成本计价。

3. 折旧方法

固定资产折旧采用直线法计算，根据固定资产类别、预计经济使用年限和预计净残值率确定折旧率。各类固定资产的折旧年限和年折旧率如表6-2所示。

表6-2：各类固定资产的折旧年限和年折旧率

固定资产类别	折旧年限（年）	年折旧率
房屋建筑物	20	4.5%
机器设备	10	9%
运输工具	10	9%
办公设备	5	18%
其他	5	18%

4．固定资产减值准备

按固定资产的可收回金额低于其账面净值的差额计提固定资产减值准备。对存在下列情况之一者，全额计提固定资产减值准备：

（1）长期闲置不用，在可预见的未来不会再使用，且无转让价值的固定资产；

（2）由于技术进步等原因，已不可使用的固定资产；

（3）虽然固定资产尚可使用，但使用后产生大量不合格品的固定资产；

（4）已遭毁损，以至于不再具有使用价值和转让价值的固定资产；

（5）其他实质上已经不能再给公司带来经济利益的固定资产。

十三、无形资产的计价和摊销方法

1．无形资产的计价方法

以取得时的实际成本计价入账。

2．无形资产的摊销方法

合同规定了收益年限的，按不超过收益年限的期限摊销；合同未规定收益年限而法律规定了有效年限的，按不超过法律规定的有效年限的期限摊销；合同未规定收益年限且法律也未规定有效年限的，按不超过10年的期限摊销。

3．无形资产减值准备

按无形资产的可收回金额低于账面价值的差额计提无形资产减值准备。

十四、开办费

于开业当月一次计入当期损益。

十五、长期待摊费用

本公司的长期待摊费用在受益期内平均摊销。但固定资产大修理支出在大修理间隔期内平均摊销；租入固定资产改良支出在租赁期与租赁资产尚可使用年限两者孰短的期限内平均摊销；筹建期间内发生的费用于开始生产经营的当月起一次计入开始生产经营的当月的损益。

十六、借款费用的会计处理方法

公司发生的借款费用在符合《企业会计准则——借款费用》规定的资本化条件的情况下，应当予以资本化，计入该项资产成本；其他借款费用于发生当期确认为费用。

十七、收入确认的方法

1. 销售商品

公司已将商品所有权上的重要风险和报酬转移给买方；公司不再对该商品实施继续管理权和实际控制权，与交易相关的经济利益能够流入企业；相关的收入和成本能够可靠地计量时，确认营业收入的实现。

2. 提供劳务

在同一年度内开始并完成，在劳务已经提供，收到价款或取得收取价款的依据时，确认劳务收入的实现；如劳务的开始和完成分属不同的会计年度，在提供劳务交易的结果能够可靠估计的情况下，在资产负债表日按完工百分比法确认相关的劳务收入。

3. 他人使用本企业资产

与交易相关的经济利益能够流入企业，收入的金额能可靠地计量时确认为收入。

十八、所得税的会计处理方法

所得税的会计处理采用应付税款法。

十九、利润分配

公司按税后累计净利润10%提取盈余公积。

附注三：税项

增值税	按销售应税产品收入的17%计算销项税额
所得税	公司按过渡期25%的税率计缴所得税
其他税项	按国家和地方有关规定计算缴纳

附注四：财务报表主要项目注释（单位：人民币）

一、货币资金；二、应收账款；三、其他应收款；四、存货；五、固定资产；六、累计折旧；七、应付账款；八、应交税费；九、实收资本；十、未分配利润；十一、主营收入、主营业务成本。

附注五：其他重要会计事项说明

看过这个案例之后，张生心想，"这财务报表附注看来也不是一时就可以掌握的，我得把这个案例记录下来，以便我以后进行复习。"于是，他拿起笔做起笔记来。

第七章

财务分析指标——分析财报的工具

张生完成笔记之后,端起茶杯细品了一口龙井,然后开口说道:"李伯,附注里还有需要学习的内容吗?"

李伯细想了一下,然后说道:"财务报表附注的重要内容已经学习得差不多了,我们先稍微休息一下,待会我们再研究一下财务指标吧!"

"好的,李伯。那就听您的安排啦!"张生笑着点点头,同意了李伯的提议。

"李伯,您之前是做什么工作的呀?"张生突然对这个问题非常的好奇。

李伯听过之后,笑着回答说:"我之前在一所大学里教课,所讲的内容就是会计学。"

张生此时恍然大悟,难怪李伯对上市公司的财务报表会有如此的造诣,原来是位会计学老师呀!

"讲了几十年的会计,现在已经退休了,这个笔记本是我原来上课时所用的教案。"李伯又接着说道。

张生抬起头,用一种崇敬的眼神望着李伯,对李伯说:"教师是个伟大的职业呀!"

李伯笑着回答说:"过誉啦!休息得差不多了,下面我们就一起学习一下财务指标吧!"

"好的,李伯。"张生回答说。

第七章 财务分析指标——分析财报的工具

第一节 财务分析指标

"财务指标是指企业总结和评价财务状况和经营成果的相对指标,中国《企业财务通则》中为企业规定的财务指标为:偿债能力指标(包括资产负债率、流动比率、速动比率);营运能力指标(包括应收账款周转率、存货周转率);盈利能力指标[包括资本金利润率、销售利税率(营业收入利税率)、成本费用利润率等]。"李伯开始对企业的财务指标进行讲解。

张生拿起笔,集中精力听着李伯的讲解,并对企业财务指标的定义进行了记录。

"财务工作实践中,通过对企业财务状况和经营成果进行解剖和分析,能够对企业经济效益的优劣作出准确的评价与判断。此时作为评价与判断标准的财务指标的选择和运用就尤为重要了。"李伯接着补充说道。

"李伯,那我们怎么选择比较适合的财务指标呢?"张生有些不解地问道。

"在选择财务指标的时候,我们一般应该遵循以下几个原则。"李伯停顿下来,整理了一下思路,然后回答说,"第一,根据企业选指标;第二,严把指标运算关;第三,公用标准讲科学;第四,多种方法来分析。"

张生听完这几个原则之后,感觉有些不知所措,完全不明白这些原则所表达的含义。于是问道:"李伯,能不能把这几个原则给我详细地讲解一下呀!"

"好的,下面我们就每个原则分别进行一下说明!"李伯看了看张生,然后笑着回答说。

张生点点头,集中精力准备对新内容进行学习。

"'根据企业选指标'这一原则指的是分析者要根据不同的对象确定不同的指标。一般情况下,跨国公司、大型企业、母公司等需要综合性分析指标。可运用杜邦分析、沃尔比重评分法将指标综合起来进行分析，一个指标内含企业的偿债、营运、盈利等多方信息。分公司、中小企业、子公司或投资者、债权人适用具体指标分析。"李伯喝了一口情况，开始对选择财务指标的原则进行讲解，"针对不同的财务信息需求者的要求，应具体选择偿债能力分析指标、营运能力分析指标、盈利能力分析指标、发展能力分析指标等。不应不分对象盲目适用指标分析方法和选择不能体现企业特点的指标作为财务分析指标。"

张生突然停下手中的笔，开口问道："李伯，这一原则就是要求分析者要根据企业的自身情况和分析者的分析需要来选取财务指标是吗？"

"可以这样理解。"李伯笑着回答道，"财政部颁布的财务分析指标有近30个，但具体到某个企业的一般性分析不必面面俱到的都选择。一般企业可选择常用的净资产收益率、总资产报酬率、主营业务利润率、成本费用利润率、总资产周转率、流动资产周转率、应收账款周转率、资产负债率、速动比率、资本积累率这10项具有代表性的指标。"

张生点点头，表示明白了李伯补充的内容。随后又开口问道："第二个原则又怎么理解呢？"

"'严把指标运算关'这一原则可以从4个方面去理解。"李伯回答说，"第一方面，了解指标生成的运算过程。会计电算化进入日常工作后，财务指标数据由计算机自动生成，许多指标的计算过程被忽略，若指标波动大，计算生成的结果就不准确。如总资产周转率，如果资金占用的波动性较大，企业就应采用更详细的资料进行计算，如按照各月份的资金占用额计算，不能用期初与期末的算术平均数作为平均资产。若不了解指标生成的运算过程，就不了解指标的组成因素及各因素体现的管理方面的问题，从而发现控制方向和筛除不真实的因素就无从谈起。"

"第二方面，进行对比的各个时期的指标在计算口径上必须一致。如计算存货周转率时，不同时期或不同企业存货计价方法的口径要一致，分子主营业务成

本与分母平均存货在时间上要具有对应性,否则就无法进行比较。"李伯接着补充说道,"第三方面,剔除偶发性项目的影响,使作为分析的数据能反映正常的经营状况。如企业决算报表年终审计后,往往要调整年初或本期数,若调整数字涉及若干年度,作分析时就应剔除上年度以前的影响数,这样指标才能反映出企业本年和上年的财务和经营状况的实际情况。

张生飞快地做着笔记,生怕遗漏了某些重要的内容。完成记录之后,他开口问道:"李伯,理解这一原则的第四个方面具体又是什么含义呢?"

"第四方面,适当地运用简化形式。如平均资产总额的确定,若资金占用波动不大,就可用期初期末的算术平均值,不必使用更详尽的计算资料。"李伯给自己倒了一杯清茶,停顿了一下,然后开口慢慢地讲道。

张生点头,表示理解了李伯的讲解。

"'公用标准讲科学'这一原则表示的是,财务分析过程需要运用公认科学的标准尺度,对当期指标进行评价。"李伯开始对第三个原则进行讲解。"一般可以采用以下的评判标准:①预定目标,如预算指标、设计指标、定额指标、理论指标等;②历史标准,如上期实际、上年同期实际、历史先进水平以及有典型意义的时期实际水平等;③行业标准,如主管部门或行业协会颁布的技术标准,国内外同类企业的先进水平,国内外同类企业的平均水平等;④公认国内国际标准。"

"李伯,除了需要运用公认科学的标准尺度外,还有没有其他需要注意的事项。"张生好奇地问道。

"一般公认标准的选择除了要注意采用公认标准外,还要看服务对象。企业所有者考虑更多的是如何增强竞争实力,强调的是与同行业的比较;政府经济管理机构在考虑经济效益的同时,还要考虑社会效益,多采用公认的国内国际标准。"李伯简单地思考了以下,然后回答说:"同时还要看企业类型。同类企业相比,非同类企业没有可比性。"

"嗯，是这样的。"张生赞同李伯的观点。

"李伯，第四个原则'多种方法来分析'又该怎么去理解呢？"张生记录完上面的内容后问道。

"对'多种方法来分析'这一原则，可以从3个方面去分析。"李伯看了看张生，笑着回答说，"第一方面，对同期指标注意运用绝对值比较和相对值比较、正指标与反指标的多方位比较，可以从不同角度观察企业的财务和经营状况，恰当地选用指标间的钩稽关系。如企业资金周转快，营运能力强，相应地盈利能力也较强，这时可以观察营运能力的反指标与盈利能力的正指标增减额与增减率的变化是否相对应。"

"第二方面，一般分析与重点分析相结合。从一般分析中找出变化大的指标，应用例外原则，对某项有显著变动的指标作重点分析，研究其产生的原因，以便采取对策对症下药。"李伯接着对第二方面进行了讲解。

"那从第三方面又该怎么去理解这一原则？"张生听完李伯对第二方面的讲解后追问道。

"第三方面，采取构成比率、效率比率、相关比率等多种分析方法时，计算比率的子项和母项必须具有相关性。"李伯回答说，"在构成比率指标中，部分指标必须是总体指标的子项；在效率比率指标中，投入与产出必须有因果关系。如主营业务利润率是主营业务利润与主营业务收入的比，不可用利润总额与主营业务收入比；在相关比率指标中，两个对比指标必须反映经济活动的关联性。如流动比率是流动资产与流动负债的比率，不可用长期与流动指标互比。"

"当然，任何事物都有其优缺点，财务分析指标也不例外。"李伯意味深长地说道。

"那您就给我讲讲财务分析指标的局限性吧！"张生对此产生了兴趣。

"好的。下面我们就研究一下财务指标的局限性。"李伯笑着回答道，"财务指标分析的局限性体现在主观局限性。财务指标体系是为了帮助财务报表的使

第七章 财务分析指标——分析财报的工具

用者能更好地了解、掌握一个企业的生产经营情况。但由于财务报表是由企业的财务人员根据有关的法规、制度、准则等编制的,所以不可避免地会出现一些人为的差错和失误,甚至恶意隐瞒,直接影响着分析的结果。"

"李伯,您能给我详细地讲解一下吗?"张生对李伯刚才的表述有些不太理解。

"我们可以从两方面来理解这一问题。"李伯回答说,"①分析者分析能力的局限性。对企业财务报表进行分析与评价通常是由报表分析者来完成的。然而,不同的财务分析人员对财务报表的认识度、解读力与判断力以及掌握财务分析理论和方法的深度和广度等各方面都存在着差异,理解财务分析计算指标的结果就有所不同。如果缺乏实践经验,就很可能出现理解偏差,这样必定会影响财务指标的分析结果。②分析者有意操纵财务指标的行为。财务报表数据的信息质量受制于企业管理高层的职业道德。众所周知,企业就是为了盈利。然而,盈利的方法和途径却是多种多样的。有的人通过正当的经营来谋取利润,也有人通过其他的操作来谋取利益。"

"李伯,财务分析指标的局限性还体现在其他的方面吗?"张生追问道。

"财务指标分析的局限性还体现在客观局限性。在实际的经营过程中,我们常用的指标主要是评价企业的短期偿债能力和企业收益能力。"李伯接着对财务指标分析的局限性进行讲解。

"财务指标分析的客观局限性主要表现在哪方面呢?"张生开口问道。

"表现在以下两方面:第一个方面,短期偿债能力指标的局限性。企业短期偿债能力是指企业在短期债务到期前资产可以变现用于偿还流动负债的能力。短期偿债能力指标分为流动比率和速动比率。由于流动资产一般在短期内能够转化为现金,所以用流动比率和速动比率反映企业短期偿债能力具有一定的合理性。然而,若单纯根据这两个比率指标对企业短期偿债能力做出判断,难免有失偏颇,这也是短期偿债能力固有缺陷之所在。"

"第二个方面，收益能力重要财务指标的局限性。对于上市公司来说，最重要的财务指标是每股收益、每股净资产等指标。但投资者在使用这几个财务指标时也应注意其存在的局限性。"李伯端起茶杯，细品了一口龙井，然后对财务指标分析的客观局限性进行补充解释，"比如，每股收益不能反映公司经营风险的大小，在收益增加的同时风险往往是随之增加的。再如，每股净资产在进行投资分析时，只能有限地使用这个指标，因其是用历史成本计量的，既不反映净资产的变现价值，也不反映净资产的产出能力。"

第二节 企业偿债能力分析

张生完成笔记之后，给自己倒了一杯清茶，连续的学习已经让他感觉有些疲乏。但关于财务指标的内容讲解才刚刚开始，所以他还想继续学习下去。

此时，李伯放下手中的茶杯，开口对张生说道："前面已经对财务指标进行了总体的介绍，接下来我们要对反映企业偿债能力的指标进行一下详细的探讨。"

张生点点头，同意了李伯的提议。

"偿债能力是指企业偿还到期债务（包含本金及利息）的能力。能否及时偿还到期债务，是反映企业财务状况好坏的重要标志。"李伯沉思片刻，开始对企业的偿债能力进行讲解，"分析人通过对偿债能力的分析，可以考察企业持续经营的能力和风险，有助于对企业未来收益进行预测。企业偿债能力包括短期偿债能力和长期偿债能力两个方面。"

"李伯，关于企业的短期偿债能力和长期偿债能力，能给我具体地介绍一下吗？"张生问道。

"短期偿债能力是指企业以流动资产对流动负债及时足额偿还的保证程度，即企业以流动资产偿还流动负债的能力，反映企业偿付日常到期债务的能力，是衡量企业当前财务能力，特别是流动资产变现能力的重要指标。"李伯回答说，"长期偿债能力是指企业偿还长期负债的能力，企业的长期负债主要包括：长期借款、应付债券、长期应付款、专业应付款和预计负债等。"

"李伯，衡量企业短期偿债能力的财务指标都有哪些？"张生完成笔记之后问道。

"衡量企业短期偿债能力的指标主要有流动比率、速动比率和现金流动负债率。下面我们就分别对这3个指标进行一下介绍。"李伯回答说。

张生点点头,并做好记录的准备。

"流动比率是流动资产对流动负债的比率,用来衡量企业流动资产在短期债务到期以前可以变为现金用于偿还负债的能力。"李伯开始对流动比率进行讲解,"一般来说,流动比率越高,说明企业资产的变现能力越强,短期偿债能力亦越强;反之则越弱。一般认为,流动比率应在2以上,流动比率为2,表示流动资产是流动负债的2倍,即使流动资产有一半在短期内不能变现,也能保证全部的流动负债得到偿还。"

"那流动比率的计算公式是什么呢?"张生记录完流动比率的定义之后,开口问道。

"其计算公式为:流动比率=流动资产÷流动负债×100%。"李伯回答道,"运用流动比率进行分析时,还要注意以下几个问题:第一,流动比率高,一般认为偿债保证程度较强,但并不一定有足够的现金或银行存款偿债,因为流动资产除了货币资金以外,还有存货、应收账款、待摊费用等项目,有可能出现流动比率虽高,但真正用来偿债的现金和存款却出现严重短缺的现象,所以分析流动比率时,还需进一步分析流动资产的构成项目。"

"计算出来的流动比率,只有和同行业平均流动比率、本企业历史流动比率进行比较,才能知道这个比率是高还是低。这种比较通常并不能说明流动比率为什么这么高或低,要找出过高或过低的原因还必须分析流动资产和流动负债所包括的内容以及经营上的因素。一般情况下,营业周期、流动资产中的应收账款和存货的周转速度是影响流动比率的主要因素。"李伯接着解释说。

"速动比率又有哪些内容呢?"张生开口问道。

"速动比率是指速动资产对流动负债的比率,它是衡量企业流动资产中可以立即变现用于偿还流动负债的能力。"李伯笑了笑,开口回答道,"速动比率同流动比率一样,反映的都是企业单位资产的流动性以及快速偿还到期负债的能力和水平。一般而言,流动比率是2,速动比率为1。但在实际分析中,该比率在不同的行业中出现的差别往往非常大。"

"速动比率的计算公式又是什么呢?"张生边做着笔记,边开口问道。

"其计算公式为:速动比率=速动资产÷流动负债×100%。"李伯喝了一口清茶,然后回答道,"速动比率相对流动比率而言,扣除了一些流动性非常差的资产,如待摊费用,这种资产其实根本就不可能用来偿还债务。另外,考虑存货的毁损、所有权、现值等因素,其变现价值可能与账面价值的差别非常大,因此,将存货也从流动比率中扣除。而这样的结果是,速动比率非常苛刻的反映了一个单位能够立即还债的能力和水平。"

"哦,原来是这种含义。"张生自言自语道。

"现金流动负债比率,是企业一定时期的经营现金净流量同流动负债的比率,它可以从现金流量角度来反映企业当期偿付短期负债的能力。"李伯开始对现金流动负债比率进行讲解,"现金流动负债比率越大,表明企业经营活动产生的现金净流量越多,越能保障企业按期偿还到期债务。但是,该指标也不是越大越好,指标过大表明企业流动资金利用不充分,获利能力不强。"

"李伯,该指标有没有标准值?"张生突然问道。

"该指标是从现金流入和流出的动态角度对企业的实际偿债能力进行考察,反映本期经营活动所产生的现金净流量足以抵付流动负债的倍数。一般来讲,该指标大于1,表示企业流动负债的偿还有可靠保证。"李伯停顿了一下回答说。

"其计算公式为:现金流动负债比率=年经营现金净流量÷年末流动负债×100%。"李伯开口接着对该指标进行解释说,"公式中年经营现金净流量是指在一定时期内,由企业经营活动所产生的现金及现金等价物的流入量与流出量的差额。"

"李伯,在实际运用该指标时,有什么需要注意的吗?"张生开口问道。

"经营活动产生的现金净流量是过去一个会计年度的经营结果,而流动负债则是未来一个会计年度需要偿还的债务,二者的会计期间不同。因此,使用这一财务指标时,需要考虑未来一个会计年度影响经营活动的现金流量变动的因素。"李伯回答说。

"李伯,衡量企业短期偿债能力的财务指标都讲完了吧?"张生有些着急地问道。

"嗯,3个指标都介绍过了,下面我们讨论一下衡量企业长期偿债能力的财务指标。"李伯回答说。

"好的。"张生回答道,并做好记笔记的准备。

"长期偿债能力是指企业偿还长期负债的能力,它的大小是反映企业财务状况稳定与否及安全程度高低的重要标志。其分析指标主要有4项,包括资产负债率、产权比率、负债与有形净资产比率、利息保障倍数。"李伯讲解道。

"李伯,资产负债率具体表示了什么含义?"张生做完笔记之后,开口问道。

"资产负债率是期末负债总额除以资产总额的百分比,也就是负债总额与资产总额的比例关系。资产负债率是反映在总资产中有多大比例是通过借债来筹资的,也可以衡量企业在清算时保护债权人利益的程度。"李伯细品了一口龙井,然后回答道,"由于资产负债率这个指标也反映了债权人所提供的资本占全部资本的比例,所以该指标也被称为举债经营比率。"

"李伯,那资产负债率的计算公式是怎么表示的?"张生接着追问道。

"其计算公式为:资产负债率=负债总额÷资产总额×100%。"李伯回答说,"如果资产负债比率达到100%或超过100%说明企业已经没有净资产或资不抵债了!"

张生有些惊讶,心想如果企业的财务状况出现这种情况,还真的是很恐怖的。

"从债权人的立场看,该指标越低越好,企业偿债有保证,贷款不会有太大风险;从股东的立场看,在全部资本利润率高于借款利息率时,负债比率越大越好，因为股东所得到的利润就会加大。从财务管理的角度来看，在进行借入资本决策时，企业应当审时度势，全面考虑，充分估计预期的利润和增加的风险，权衡利害得失，作出正确的分析和决策。"李伯又接着补充说。

"李伯，下面给我讲讲产权比率这个指标吧！"张生听完资产负债率的讲解后，开口问道。

"产权比率是负债总额与所有者权益总额的比率，是评估企业资金结构合理性的一种指标。一般来说，产权比率可反映股东所持股权是否过多，或者是尚不够充分等情况，从另一个侧面表明企业借款经营的程度。"李伯回答说。

"其计算公式为：产权比率=负债总额÷股东权益×100%。产权比率是衡量企业长期偿债能力的指标之一，它是企业财务结构稳健与否的重要标志。该指标表明由债权人提供的和由投资者提供的资金来源的相对关系，反映企业基本财务结构是否稳定。"李伯又接着对产权比率进行补充说，"产权比率越低表明企业自有资本占总资产的比重越大，长期偿债能力越强。"

"李伯，在实际分析的过程中，运用产权比率需要注意哪些问题？"张生问道。

"一般来说，股东资本大于借入资本较好，但也不能一概而论。从股东来看，在通货膨胀加剧时期，企业多借债可以把损失和风险转嫁给债权人；在经济繁荣时期，企业多借债可以获得额外的利润；在经济萎缩时期，企业少借债可以减少利息负担和财务风险。产权比率高，是高风险、高报酬的财务结构；产权比率低，是低风险、低报酬的财务结构。"李伯停顿了一下，回答说，"该指标同时也表明债权人投入的资本受到股东权益保障的程度，或者说是企业清算时对债权人利益的保障程度。国家规定债权人的索偿权优先于股东。"

"李伯，下面我们该讲解负债与有形净资产比率这一指标了吧？"张生完成笔记后问道。

"是的，下面我们就介绍一下这个指标。"李伯笑着回答说，"负债与有形净资产比率是负债总额与有形净资产的比例关系，表示企业有形净资产对债权人

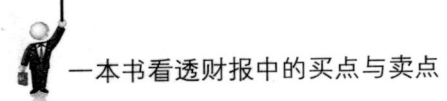

权益的保障程度。该指标也是用以衡量企业长期偿债能力的指标之一。"

"负债与有形净资产比率的计算公式是怎么表示的？"张生有些好奇地问道。

"其计算公式为：负债与有形净资产比率=负债总额÷有形净资产。"李伯喝了一口清茶，回答道，"该指标的分母剔除了资产总额中那些价值存在着极大不确定性的资产，与资产负债率相比，该指标更能合理地衡量企业在清算时对债权人权益的保障程度。该比例越低，表明企业的长期偿债能力越强。"

张生点点头，看来是理解了这一指标的含义。

"下面我们简要地介绍一下利息保障倍数这一指标。"李伯又接着说道，"利息保障倍数又称已获利息倍数，是指企业生产经营所获得的利息税前利润与利息费用的比率（企业利息税前利润与利息费用之比）。它是衡量企业支付负债利息能力的指标（用以衡量偿付借款利息的能力）。企业生产经营所获得的利息税前利润与利息费用相比，倍数越大，说明企业支付利息费用的能力越强。因此，债权人要分析利息保障倍数指标，以此来衡量债权的安全程度。"

"那利息保障倍数的计算公式又是怎么表示的？"张生停下手中的笔问道。

"其计算公式为：利息保障倍数=（利润总额+利息费用）÷利息费用。"李伯回答道，"利息保障倍数不仅反映了企业获利能力的大小，而且反映了获利能力对偿还到期债务的保证程度，它既是企业举债经营的前提依据，也是衡量企业长期偿债能力大小的重要标志。要维持正常偿债能力，利息保障倍数至少应大于1，且比值越高，企业长期偿债能力越强。如果利息保障倍数过低，企业将面临亏损以及偿债的安全性与稳定性下降的风险。"

"那在计算利息保障倍数时有没有什么需要注意的问题？"张生追问道。

"为了考察企业偿付利息能力的稳定性，一般应计算企业5年或5年以上的利息保障倍数。保守起见，应选择5年中最低的利息保障倍数值作为基本的利息偿付能力指标。"李伯思考了片刻，然后开口回答说。

第三节　企业营运能力分析

李伯讲解完企业的偿债能力之后，端起茶杯细品了一口龙井，看见张生还没有完成笔记，便打算休息片刻。

经过对企业偿债能力的讲解之后，张生也需要时间整理完成笔记，所以也没有继续提问。

过了一会，李伯给张生倒了一杯清茶，然后开口说道："小伙子，笔记整理的怎么样啦？"

张生抬起头看了看李伯，然后笑着回答说："已经整理得差不多了，可以开始学习新的内容啦！"

李伯点点头，回答道："那好，接下来我们就学习一下反映企业营运能力的指标吧！"

张生点点头，集中精力听李伯讲解。

"营运能力是指企业的经营运行能力，即企业运用各项资产以赚取利润的能力。衡量企业营运能力的财务指标包括存货周转率、应收账款周转率、营业周期、流动资产周转率和总资产周转率等。"李伯对企业的营运能力进行解释道，"这些指标揭示了企业资金运营周转的情况，反映了企业对经济资源管理、运用的效率高低。企业资金周转越快，流动性越高，企业的偿债能力越强，资产获取利润的速度就越快；企业资金周转越慢，流动性越低，企业的偿债能力越弱，资产获取利润的速度就越慢。"

"李伯，是不是说只有营运能力高的企业才具有投资的价值？"张生不确定地问道。

李伯笑着点点头，然后回答道："这样理解是非常正确的。下面我们分别学习一下衡量企业营运能力的财务指标。"

张生点点头，并做好了做笔记的准备。

"我们首先从存货周转率这个指标开始吧！"李伯提议说，"存货周转率是企业在一定时期销货成本与平均存货余额的比率。该指标用于反映存货的周转速度，即存货的流动性及存货资金占用量是否合理，促使企业在保证生产经营连续性的同时，提高资金的使用效率，增强企业的短期偿债能力。"

"存货周转率是企业营运能力分析的重要指标之一，在企业管理决策中被广泛地使用。"李伯接着对存货周转率补充说，"通过存货周转率的计算与分析，可以测定企业一定时期内存货资产的周转速度，是反映企业购、产、销平衡效率的一种尺度。存货周转率越高，表明企业存货资产变现能力越强，存货及占用在存货上的资金周转速度越快。"

"李伯，存货周转率的计算公式是怎么表述的？"张生停下手中的笔然后问道。

"其计算公式为：存货周转率=销货成本（收入）÷平均存货余额，其中，平均存货余额=（期初存货+期末存货）÷2。"李伯笑着回答道，"需要注意的是，计算存货周转率时，使用'销售收入'还是'销售成本'作为周转额，要看分析的目的。如果分析目的是判断短期偿债能力，应采用销售收入。如果分析目的是评估存货管理业绩，应当使用销售成本。"

"李伯，存货周转天数与存货周转率是不是一个指标？"张生有些不解地问道。

"虽然存货周转天数与存货周转率的作用相同，但它们不是同一个指标。"李伯有些严肃地回答说，"存货周转天数是指企业从取得存货开始，至消耗、销售为止所经历的天数。存货周转天数越少，说明企业存货变现的速度越快；存货周转天数越多，说明存货变现的速度越慢。"

第七章 财务分析指标——分析财报的工具

"李伯,那企业的存货周转天数是怎么计算出来的?"张生接着追问道。

"其计算公式为:存货周转天数=360÷存货周转次数。"李伯回答道,"存货周转天数指标值越低越好,越低说明企业存货周转速度越快,反映其销售状况良好。该指标需要和企业历史上的数据及同行业其他企业的数据对比后才能得出优劣的判断。存货周转天数加上应收账款周转天数再减去应付账款周转天数即得出公司的现金周转周期这一重要指标。"

"李伯,关于存货周转分析指标还有什么需要注意的问题吗?"张生开口问道。

"存货周转分析指标是反映企业营运能力的指标,可用来评价企业的存货管理水平,还可用来衡量企业存货的变现能力。"李伯思考片刻,然后回答说,"如果企业的存货适销对路,变现能力强,则周转率高,周转天数少;提高存货周转率,缩短营业周期,可以提高企业的变现能力。"

"李伯,下面我们该学习应收账款周转率这个财务指标了吧?"张生笑着问道。

"好的,下面我们开始介绍应收账款周转率这个指标。"李伯笑着回答说,"应收账款周转率又叫收账比率,是用于衡量企业应收账款流动程度的指标,它是企业在一定时期内(通常为1年)赊销净额与应收账款平均余额的比率。"

"企业的应收账款在流动资产中具有举足轻重的地位,企业应收账款如能及时收回,其资金使用效率便能大幅提高。应收账款周转率就是反映公司应收账款周转速度的比率。"李伯又接着对应收账款周转率补充道,"一般来说,应收账款周转率越高,企业平均收账期越短,说明应收账款的收回越快。否则,企业的营运资金会过多地呆滞在应收账款上,影响正常的资金周转。"

"李伯,那应收账款周转率的计算公式是怎么表示的?"张生开口问道。

"其计算公式为:应收账款周转率=赊销收入净额÷应收账款平均余额;其中:赊销收入净额=当期销售净收入-当期现销收入,应收账款平均余额=(期初应收账款余额+期末应收账款余额）÷2。"李伯回答说，"在实际运用的时候需要注意，存在一些影响该指标正确计算的因素：比如，季节性经营的企业使用这个指标时不能反映实际情况；大量使用分期付款结算方式；大量地使用现金结算的销售；年末大量销售或年末销售大幅度下降等。这些因素都会对计算结果产生较大的影响。"

"李伯，您给我讲解一下应收账款周转天数这个指标吧！"张生笑着说道。

"好的。"李伯笑着回答说，"应收账款周转天数是指企业从取得应收账款的权利到收回款项、转换为现金所需要的时间。应收账款周转天数是应收账款周转率的一个辅助性指标，该指标表示在1个会计年度内，应收账款从发生到收回周转一次的平均天数（平均收款期）。应收账款的周转次数越多，则周转天数越短；周转次数越少，则周转天数越长。该指标衡量公司需要多长时间收回应收账款，属于公司经营能力分析的范畴。"

"李伯，企业的应收账款周转天数是怎么计算的？"张生好奇地问道。

"其计算公式为：应收账款周转天数=360÷应收账款周转率。"李伯回答道，"由于大多数行业都存在信用销售，形成大量的应收账款，如何能更快地将这些应收账款收回变为现金或现金等价物对企业持续运转至关重要。如果应收账款周转天数延长，回款速度变慢，企业将不得不通过借债等方式来补充营运资金，会造成成本的上涨和经营的被动。"

张生点点头，表示理解李伯的讲解。

"在相同行业内，应收账款周转天数越短的企业通常有较强的竞争力，越具有投资价值。应收账款周转天数加上存货周转天数，再减去应付账款周转天数，即得出企业的现金周转周期这一重要指标。"李伯最后又补充说道。

李伯补充讲解完应收账款周转天数后，倒了一杯清茶，然后细品了一口，开口对张生说道："喝口茶休息一下，下面我们介绍一下营业周期这个指标。"

此时，张生正在低头整理笔记。听到李伯的话之后，他抬起头笑着对李伯

第七章 财务分析指标——分析财报的工具

说:"谢谢您啦!我不是特别累,不过前面的笔记需要整理一下。"

李伯没有作声,只是笑着点点头。

过了一会,李伯恢复了精力,然后开口对张生说道:"笔记整理好了吗?"

张生笑着对李伯说道:"已经整理的差不多啦!李伯,我们可以学习新的内容啦!"

"好的,那我们就简单地介绍一下营业周期。"李伯笑着回答说。"营业周期是指公司从外购承担付款义务到收回因销售商品或提供劳务而产生的应收账款的这段时间。其计算公式为:营业周期=存货周转天数+应收账款周转天数。营业周期的长短是决定公司流动资产需要量的重要因素,较短的营业周期表明了企业对应收账款和存货的有效管理。"

"营业周期分析意义是什么?"张生问道。

"一般情况下,营业周期短,说明企业资金周转速度快;营业周期长,说明企业资金周转速度慢,这就是营业周期与流动比率的关系。决定流动比率高低的主要因素是存货周转天数和应收账款周转天数。"李伯回答说。

"李伯,下面给我介绍一下流动资产周转率这个指标吧!"张生完成笔记后问道。

"好的。下面我们就介绍一下这个指标。"李伯端起茶杯,细品了一口龙井后回答道,"流动资产周转率是指企业一定时期内主营业务收入净额同平均流动资产总额的比率,流动资产周转率是评价企业资产利用率的一个重要指标。"

"其计算公式为:流动资产周转率=主营业务收入÷平均流动资产总额。"李伯又接着补充说,"主营业务收入净额是指企业当期销售产品、商品、提供劳务等主要经营活动取得的收入减去折扣与折让后的数额。平均流动资产总额是指企业流动资产总额的年初数与年末数的平均值,计算公式为:平均流动资产总额=(流动资产年初数+流动资产年末数)÷2。"

"李伯,流动资产周转率具有什么样的意义呢?"张生记录完流动资产周转率的计算公式后问道。

"流动资产周转率反映了企业流动资产的周转速度,是从企业的流动资产角度对企业资产的利用效率进行分析,进一步揭示了影响企业资产质量的主要因素。"李伯整理了一下思路,然后回答说,"通过该指标的对比分析,可以促进企业加强内部管理,充分有效地利用流动资产,如降低成本、调动暂时闲置的货币资金用于短期投资创造收益等,还可以促进企业采取措施扩大销售,提高流动资产的综合使用效率。一般情况下,该指标越高,表明企业流动资产周转速度越快,利用越好。"

张生边做笔记,边点头。看来他对流动资产周转率的意义有了一定的了解。

"下面我们介绍一下总资产周转率这个指标。"李伯放下手中的茶杯,然后开口说道。

"好的。"张生回答说。

"总资产周转率是指企业在一定时期业务收入净额同平均资产总额的比率。"李伯对总资产周转率的定义进行了讲解,"总资产周转率是综合评价企业全部资产的经营质量和利用效率的重要指标。总资产周转率越大,说明总资产周转越快,反映出企业销售能力越强。企业可以通过薄利多销的办法,加速资产的周转,带来利润绝对额的增加。"

"李伯,那总资产周转率的计算公式是怎么表示的?"张生停下手中的笔,抬头问道。

"其计算公式为:总资产周转率=营业收入净额÷平均资产总额;其中,营业收入净额是减去销售折扣及折让等后的净额。平均资产总额是指企业资产总额年初数与年末数的平均值,其计算公式为:平均资产总额=(资产总额年初数+资产总额年末数)÷2。"李伯回答说。

停了一会儿,李伯接着说:"总资产周转率是考察企业资产运营效率的一项重要指标,体现了企业经营期间全部资产从投入到产出的流转速度,反映了企业全部资产的管理质量和利用效率。通过该指标的对比分析，可以发现企业与同类企业在资产利用上的差距，这可以促进企业挖掘潜力、积极创收、提高产品市场占有率、提高资产利用效率。"

第四节 企业盈利能力分析

由于这次李伯讲解的内容比较多,所以张生做笔记花的时间多了一些。

李伯给自己倒了一杯清茶,也没有继续讲解新的内容,而是静静地等着张生完成笔记。

过了一会,张生终于完成了笔记,然后开口对李伯说:"李伯,咱们下面学习什么内容?"

李伯端起茶杯细品了一口,然后开口回答说:"下面我们介绍一下衡量企业盈利能力的财务指标吧!"

"好的。"张生笑着回答说。

"盈利能力是指企业获取利润的能力,也称为企业的资金或资本增值能力,通常表现为一定时期内企业收益数额的多少及其水平的高低。"李伯停顿了一下,对企业的盈利能力解释道,"利润是企业内外有关各方都关心的中心问题、利润是投资者取得投资收益、债权人收取本息的资金来源,是经营者经营业绩和管理效能的集中表现,也是职工集体福利设施不断完善的重要保障。因此,企业的盈利能力分析十分重要。"

"衡量企业盈利能力的财务指标主要包括营业利润率、成本费用利润率、盈余现金保障倍数、总资产报酬率、净资产收益率和资本收益率6项。"李伯又接着对企业的盈利能力补充说,"一般来说,公司的盈利能力是指它正常的营业状况。非正常的营业状况也会给公司带来收益或损失,但不能说明公司的能力。"

"李伯,先给我讲解一下营业利润率这个指标吧!"张生边做笔记边说道。

"好的。"李伯点点头,然后笑着回答说,"营业利润率是指企业的营业利润与营业收入的比率。该指标是衡量企业经营效率的指标，反映了在考虑营业成本的情况下，企业管理者通过经营获取利润的能力。营业利润率越高，说明企业商品销售额提供的营业利润越多，企业的盈利能力越强；反之，营业利润率越低，说明企业商品销售额提供的营业利润越少，企业的盈利能力越弱。"

"那营业利润率的计算公式是怎么表示的？"张生抬起头，有些好奇地问道。

"其计算公式为：营业利润率=营业利润÷营业收入×100%。"李伯倒了一杯清茶，然后笑着回答道，"其中，营业利润是指企业在销售商品、提供劳务等日常活动中所产生的利润。其内容为主营业务利润和其他业务利润扣除期间费用之后的余额。而营业收入是指企业在从事销售商品，提供劳务和让渡资产使用权等日常经营业务过程中所形成的经济利益的总流入。营业收入又可分为主营业务收入和其他业务收入。"

张生点点头，同时又接着问道："李伯，那影响企业营业利润率的因素都有哪些呢？"

"影响企业营业利润率的因素主要有：销售数量、单位产品平均售价、单位产品制造成本、控制管理费用的能力、控制营销费用的能力。"李伯回答道。

"李伯，那我们下面是不是该学习成本费用利润率了？"张生完成笔记后问道。

"是的，我们下面就介绍一下这个指标。"李伯喝了一口龙井，然后回答道。

张生集中精力，准备学习新的内容。

"成本费用利润率是指企业一定期间的利润总额与成本、费用总额的比率。"李伯开始对成本费用利润率这项指标进行讲解，"成本费用利润率指标表明企业每付出1元成本费用可获得多少利润，体现了经营耗费所带来的经营成果。该项指标越高，则反映企业的经济效益越好。"

"李伯，成本费用利润率的计算公式是怎么表示的？"张生开口问道。

"其计算公式为：成本费用利润率=利润总额÷成本费用总额×100%，公式中的成本费用一般指主营业务成本和3项期间费用。"李伯回答说。

"李伯，在分析企业的该项指标时，有没有什么需要注意的事项？"张生又接着问道。

"在利用成本费用利润率进行分析时，投资者可以将连续几年的成本费用利润率指标数据进行分析，以便观察企业成本费用利润率的变动趋势。"李伯思考了一下，然后回答说，"也可将本企业指标数值和其他企业指标数值和同行业平均水平进行对比，以评价企业成本费用利润率指标。"

在讲解完成本费用利润率这一指标之后，李伯又开口说道："下面我们开始介绍盈余现金保障倍数这一指标。"

张生点点头，同意了李伯的提议。

"盈余现金保障倍数，又称利润现金保障倍数，是指企业在一定时期经营现金净流量同净利润的比值，它反映了企业当期净利润中现金收益的保障程度，也真实地反映了企业盈余的质量。"李伯喝了一口清茶，然后开始对盈余现金保障倍数这一指标进行讲解，"盈余现金保障倍数从现金流入和流出的动态角度，对企业收益的质量进行评价，对企业的实际收益能力再一次进行修正。"

"其计算公式为：盈余现金保障倍数=经营现金净流量÷净利润×100%；其中，经营现金净流量是指企业经营现金毛流量扣除经营营运资本增加后企业可提供的现金流量，而净利润是指在利润总额中按规定交纳了所得税后公司的利润留成，一般也称为税后利润或净利润。"李伯又接着补充说。

"李伯，在实际应运中，对盈余现金保障倍数怎样进行判断？"张生问道。

"一般而言，当企业当期净利润大于0时，该指标应当大于1。该指标越大，表明企业经营活动产生的净利润对现金的贡献越大，利润的可靠性较高，具有一定的派现能力。"李伯停顿了一下，然后开口回答道，"但是，由于指标分母变动较大，致使该指标的数值变动也比较大，所以，对该指标应根据企业实际效益状况有针对性地进行分析。"

第七章 财务分析指标——分析财报的工具

"哦,原来是这样!"张生自言自语道。

"下面我们开始介绍总资产报酬率这项指标。"李伯细品了一口龙井说道。

张生点点头,准备记录新的内容。

"总资产报酬率又称为资产所得率,是指企业一定时期内获得的报酬总额与资产平均总额的比率。"李伯对总资产报酬率的定义进行了解释,"该项指标表示企业包括净资产和负债在内的全部资产的总体获利能力,用以评价企业运用全部资产的总体获利能力,是评价企业资产运营效益的重要指标。"

"李伯,总资产报酬率这项指标是怎么计算出来的?"张生有些好奇地问道。

"其计算公式为:总资产报酬率=(利润总额+利息支出)÷平均资产总额×100%;其中,利润总额是指企业实现的全部利润,利息支出是指企业在生产经营过程中实际支出的借款利息、债权利息等。平均资产总额是指企业资产总额年初数与年末数的平均值。"李伯回答道。

"李伯,在实际分析中,总资产报酬率的具体意义又是什么?"张生又追问道。

"总资产报酬率越高,表明资产利用效率越高,说明企业在增加收入、节约资金使用等方面取得了良好的效果;总资产报酬率越低,说明企业资产利用效率低,则应分析差异原因,提高销售利润率,加速资金周转,提高企业经营管理水平。"李伯解释说。

张生边做笔记边点点头,看来李伯讲解的内容已经解开了他心中的疑问。

"李伯,下面我们学习哪个财务指标?"张生做完笔记后,抬头问道。

"下面我们就介绍一下净资产收益率这个指标吧!"李伯想了一下,然后回答说。

"好的。"张生点点头,回答道。

"净资产收益率是净利润与平均股东权益的百分比,是企业税后利润除以净资产得到的百分比率。该项指标反映股东权益的收益水平,用以衡量公司运用自有资本的效率。"李伯对净资产收益率的定义解释道,"该指标值越高,说明企业投资带来的收益越高,其体现了自有资本获得净收益的能力。一般来说,负债增加会导致净资产收益率的上升。"

"那净资产收益率的计算公式是怎么表达的?"张生停下手中的笔问道。

"其计算公式为:净资产收益率=净利润÷所有者权益×100%。"李伯回答道,同时他又补充说,"企业资产包括两部分,一部分是股东的投资,即所有者权益(是股东投入的股本,企业公积金和留存收益等的总和),另一部分是企业借入和暂时占用的资金。企业适当地运用财务杠杆可以提高资金的使用效率,借入的资金过多会增大企业的财务风险,但一般可以提高盈利,借入的资金过少会降低资金的使用效率。"

张生做完笔记之后,开口问道:"李伯,下面我们是不是该学习资本收益率这项指标啦?"

"是的。"李伯喝了一口清茶后,回答说:"下面我们就介绍一下资本收益率这项指标。"

"资本收益率又称资本利润率,是指企业净利润(即税后利润)与平均资本(即资本性投入及其资本溢价)的比率。该指标用以反映企业运用资本获得收益的能力,其也是财政部对企业经济效益的一项评价指标。"李伯开始对资本收益率进行讲解。

"那在实际的分析过程中,资本收益率的具体意义是什么?"张生开口问道。

"资本收益率越高,说明企业自有投资的经济效益越好,投资者的风险越少,越值得继续投资,对股份有限公司来说,就意味着股票升值。因此,它是投资者和潜在投资者进行投资决策的重要依据。"李伯对资本收益率的意义解释如是说,"对企业经营者来说,如果资本收益率高于债务资金成本率,则适度负债经营对投资者来说是有利的;反之,如果资本收益率低于债务资金成本率,则过高的负债经营就将损害投资者的利益。"

"李伯,那资本收益率的计算公式是怎么表达的?"张生又接着问道。

第七章 财务分析指标——分析财报的工具

"其计算公式如下：资本收益率=净利润÷实收资本×100%，其中，实收资本是指投资者作为资本投入企业的各种财产，它表明所有者对企业的基本产权关系。"李伯回答说。

经过这段时间的学习，张生的笔记本记录了很多内容。张生在整理自己笔记的时候，开口说道："李伯，衡量企业盈利能力的主要财务指标好像都已经讲解完了？"

"是的，6项主要指标我们已经介绍完了。"李伯细品了一口清茶，然后说道。

"李伯，对于企业的盈利能力还有什么需要注意的问题吗？"张生接着问道。

"衡量企业盈利能力的财务指标有很多，在实务中，上市公司经常采用每股收益、每股股利、市盈率、每股净资产等指标来评价其获利能力。所以在实际应运中，投资者对这些指标也应该多加的注意。"李伯想了一下，回答说。

"李伯，在对企业的盈利能力进行分析时，对企业发生的偶然性交易该怎么去分析？"张生在翻动自己笔记的时候，突然开口问到了这个问题。

"前面我们曾经说过，非正常的营业状况也会给企业带来收益或损失，但这只是特殊情况下的个别情况，不能说明公司的盈利能力。"李伯思考了片刻，然后回答说，"因此，我们在分析公司盈利能力时，应当排除以下因素：证券买卖等非正常项目、已经或将要停止的营业项目、重大事故或法律更改等特别项目、会计准则和财务制度变更带来的累计影响等。"

张生点点头，表示明白了李伯所讲述的内容，于是又在笔记本上做了笔记。

第五节　企业发展能力分析

李伯讲完衡量企业盈利能力的财务指标之后,给自己倒了一杯龙井茶,然后端起茶杯细品了一口。接着他开口说道:"小伙子,企业盈利能力的财务指标理解的怎么样了?"

张生抬起头,笑着看了看李伯,回答道:"各项指标的含义基本上都理解得差不多了!"

李伯听完,给张生倒了一杯清茶,然后开口说道:"先喝杯清茶休息一下吧,待会我们再讲解一下有关衡量企业发展能力的各项财务指标!"

"好的,李伯!谢谢您啦!"张生笑着回答说,并端起茶杯细品了几口。

过了一会,张生感觉恢复了精力。于是开口对李伯说道:"李伯,我们可以开始学习新的内容了!"

李伯笑着看了看张生,然后回答说:"好的。但是在正式学习之前,我们先介绍一下什么是企业的发展能力,以及衡量企业发展能力的指标都有哪些。"

"企业的发展能力,也称企业的成长性,它是企业通过自身的生产经营活动,不断扩大积累而形成的发展潜能。"李伯细品了一口龙井,开始对企业的发展能力进行讲解,"分析企业发展能力主要考察以下8项指标:营业收入增长率、资本保值增值率、资本积累率、总资产增长率、营业利润增长率、技术投入比率、营业收入三年平均增长率和资本三年平均增长率。"

张生集中精力,认真地做着笔记。

"首先,我们从营业收入增长率这项指标开始介绍吧!"李伯想了想然后说道。

第七章　财务分析指标——分析财报的工具

张生点点头，同意了李伯的提议。

"营业收入增长率，是企业本年营业收入增长额与上年营业收入总额的比率，反映企业营业收入的增减变动情况。营业收入增长率大于零，表明企业本年营业收入有所增长。"李伯开始对营业收入增长率这项指标进行讲解。"该指标值越高，表明企业营业收入的增长速度越快，企业市场前景越好。"

"李伯，那营业收入增长率的计算公式是怎么表示的？"张生开口问道。

"其计算公式如下：营业收入增长率=（本期营业额－上期营业额）÷上期营业额×100%。"李伯回答道，"本年主营业务收入增长是企业本年主营业务收入总额与上年主营业务收入总额的差额；根据公式，如本年主营业务收入总额低于上年，则本年主营业务收入增长额用'－'表示。上年主营业务收入总额指企业上年全年的主营业务收入总额。"

"一般认为，当主营业务收入增长率低于－30%时，说明公司主营业务大幅滑坡，预警信号产生。另外，当主营业务收入增长率小于应收账款增长率，甚至主营业务收入增长率为负数时，公司极可能存在操纵利润行为，需严加防范。"李伯又接着对营业收入增长率这项指标进行解释道。

"李伯，下面咱们是不是该学习资本保值增值率这项指标啦？"张生开口问道。

"是的，下面我们就介绍一下这项指标。"李伯看了看张生，然后笑着回答道，"资本保值增值率是指企业本年末所有者权益扣除客观增减因素后同年初所有者权益的比率。资本保值增值率表示了企业当年资本在企业自身努力下的实际增减变动情况，是评价企业财务效益状况的辅助性指标，反映了企业资本的运营效益与安全状况。资本保值增值率指标值若为100%，则说明企业不盈不亏，保本经营，资本保值；若指标值大于100%，则说明企业有经济效益，资本在原有基础上实现了增值。"

"李伯，那资产保值增值率的计算公式是怎么表达的？"张生不解地问道。

"其计算公式为：资本保值增值率=（年末所有者权益÷年初所有者权益）×100%。资本保值增值结果的分析指标为资本积累率、净资产收益率、总资产报酬率和不良资产比率。分析指标主要对企业资本运营水平和质量，以及资本保值增值实际完成情况进行分折和验证。"李伯停顿了一下，然后回答说。

"李伯，那该指标的具体意义是什么？"张生开口问道。

"资本保值增值率反映了投资者投入企业资本的保全性和增长性，该指标越高，表明企业的资本保全状况越好，所有者权益增长越快，债权人的债务越有保障，企业发展后劲越强。"李伯对资本保值增值率的意义讲解道。

张生边做笔记边点点头，表示理解了李伯对资本保值增值率含义的讲解。

"下面我们介绍一下资本积累率这项指标。"李伯细品了一口清茶，然后说道。

"好的。"张生回答说。

"资本积累率即股东权益增长率，指的是企业当年所有者权益增长额同年初所有者权益的比率。资本积累率表示企业当年的资本积累能力，是评价企业发展潜力的重要指标。"李伯思考了一下，然后对资本积累率解释道。

"其计算公式为：资本积累率=当年所有者权益增长额÷年初的所有者权益×100%；或，资本积累率=该年归属于母公司所有者权益增长额÷年初归属于母公司所有者权益×100%。"李伯回答说，"本年所有者权益增长额是指企业本年所有者权益与上年所有者权益的差额。年初所有者权益是指所有者权益的年初数。"

"李伯，资本积累率在具体应运中，其分析意义是什么？"张生开口问道。

"资本积累率是企业当年所有者权益总的增长率，反映了企业所有者权益在当年的变动水平。该指标也体现了企业资本的积累情况，是企业发展强盛的标志，也是企业扩大再生产的源泉，展示了企业的发展潜力。"李伯对资本积累率的分析意义进行解释说，"该指标如为负值，则表明企业的资本受到侵蚀，所有

者利益受到损害,投资者应予充分重视。"

张生看了一下笔记,然后开口问道:"李伯,下面是不是该学习总资产增长率这个指标啦!"

李伯想了一下,然后回答说:"是的。"

于是,张生集中精力开始准备学习。

"总资产增长率又名总资产扩张率,是企业本年总资产增长额同年初资产总额的比率,反映企业本期资产规模的增长情况。"李伯给自己倒了一杯清茶,然后细品了几口,开始对总资产增长率进行解释,"资产增长是企业发展的一个重要方面,发展性高的企业一般能保持资产的稳定增长。资产是企业用于取得收入的资源,也是企业偿还债务的保障。资产增长是企业发展的一个重要方面,发展性高的企业一般能保持资产的稳定增长。"

"李伯,那总资产增长率的计算公式是怎么表示的?"张生开口问道。

"其计算公式为:总资产增长率=本年总资产增长额÷年初资产总额×100%;其中,本年总资产增长额等于年末资产总额减去年初资产总额。"李伯回答道。

"李伯,那我们在具体运用总资产增长率这项指标时,需要注意哪些方面?"张生接着问道。

"总资产增长率越高,表明企业一定时期内资产经营规模扩张的速度越快。但在具体分析时,需要关注资产规模扩张的质和量的关系,以及企业的后续发展能力,以避免盲目扩张。"李伯思考片刻后,回答道。

"接下来我们介绍一下营业利润增长率这项指标。"李伯看到张生完成笔记后说道。

"好的,李伯。"张生回答说。

"营业利润增长率又称销售利润增长率,是企业本年营业利润增长额与上年营业利润总额的比率,该指标反映了企业营业利润的增减变动情况。"李伯稍微停顿了一下，然后开始对营业利润增长率的定义进行讲解说，"营业利润增长率越高，说明企业百元商品销售额提供的营业利润越多，企业的盈利能力越强；反之，营业利润增长率越低，说明企业百元商品销售额提供的营业利润越少，企业盈利能力越弱。"

"李伯，那营业利润增长率是怎么计算出来的？"张生停下笔，追问道。

"其计算公式为：营业利润增长率（销售利润增长率）=本年营业利润增长额÷上年营业利润总额×100%；其中，本年营业利润增长额等于本年营业利润总额减去上年营业利润总额。"李伯听到张生的提问后，回答道。

"李伯，影响企业营业利润的因素主要有哪些呢？"张生又开口问道。

"影响企业营业利润的因素主要有以下几点：①企业的销售数量；②企业的单位产品平均售价；③企业的单位产品制造成本；④企业控制管理费用的能力；⑤企业控制营销费用的能力。"李伯端起茶杯喝了一口清茶，然后回答道。

"李伯，那技术投入比率这项指标具体又是什么含义？"张生不解地问道。

"技术投入比率，是企业本年科技支出（包括用于研究开发、技术改造、科技创新等方面的支出）与本年营业收入的比率，它反映企业在科技进步方面的投入，在一定程度上可以体现企业的发展潜力。"李伯对技术投入比率的定义进行解释说。

"李伯，那技术投入比率这项指标是怎么计算出来的？"张生又接着问道。

"其计算公式为：技术投入比率=本年科技支出合计÷本年营业收入×100%；其中，技术投入比率是指企业当年技术转让费支出与研究开发的实际投入与当年主营业务收入的比率。"李伯对技术投入比率的公式解释说，"技术投入比率从企业的技术创新方面反映了企业的发展潜力和可持续发展能力。"

"对于技术投入比率这项指标，在实际应用中需要注意哪些问题？"张生有些疑惑地说。

"在实际应用该项指标时，需要注意以下两点：第一，技术创新是企业在市

第七章 财务分析指标——分析财报的工具

场竞争中保持竞争优势、不断发展壮大的前提。技术投入比率集中体现了企业对技术创新的重视程度和投入情况，是评价企业持续发展能力的重要指标。"李伯整理了一下思路，然后开口回答道，"第二，该指标越高，表明企业对新技术的投入越多，企业对市场的适应能力越强，未来竞争优势越明显，生存发展的空间越大，发展前景越好。"

"李伯，我们还有营业收入三年平均增长率和资本三年平均增长率没有讲解吧？"张生有些疑惑地问道。

"是的，下面我们就简要地介绍一下这两项指标。"李伯细品了一口龙井，然后说道。

"营业收入三年平均增长率是企业连续3年的营业收入总额与三年前营业收入总额之间的关系。"李伯对营业收入三年平均增长率的定义解释道，"在实际应用中，投资者为消除营业收入短期波动而对营业增长率指标产生的影响，可以通过计算营业收入的长期变动趋势来分析评价企业的发展能力，即可以利用营业收入三年平均增长率指标来评价。"

"那资本三年平均增长率又具体是什么含义呢？"张生又接着对另一个指标追问道。

"资本三年平均增长率表示企业资本连续3年的积累情况，在一定程度上反映了企业的持续发展水平和发展趋势。"李伯对资本三年平均增长率的定义进行解释说，"由于一般增长率指标在分析时具有'滞后'性，仅反映企业的当期情况，而利用资本三年平均增长率，能够反映企业资本积累或资本扩张的历史发展状况，以及企业稳步发展的趋势。该项指标值越高，表明企业所有者权益得到的保障程度越高，企业可以长期使用的资金就越充足，抗风险和持续发展的能力就越强。"

张生听过李伯的讲解之后，边做笔记边点点头。看来他对以上这两项指标，已经理解了其内在含义。

第六节 杜邦财报分析体系

张生完成笔记之后,翻看了一下自己的笔记本,发现关于财务报表的分析指标已介绍得差不多了。细品了一口龙井之后,抬头望着李伯,开口问道:"李伯,我们还有没有学习过的分析企业财务报表状况的指标吗?"

李伯给自己倒了一杯清茶,然后回答道:"分析企业财务状况的主要指标咱们已经学习完啦!"

张生听到这里有些不好意思地问道:"李伯,关于企业的财务分析还有什么需要学习的吗?"

李伯想了一下,然后开口回答道:"接下来我们就讲解一下杜邦分析体系吧!"

张生听到"杜邦分析体系",感觉有些陌生,似乎是第一次听到这个名词,之后他便来了兴趣。于是好奇地问道:"李伯,这'杜邦分析体系'是个什么样的体系,这种体系也是用来分析企业的财务状况的吗?"

"是的。"李伯点点头,并回答说:"杜邦分析体系主要是利用几种主要的财务比率之间的关系来综合分析企业的财务状况,这种分析方法最早由美国杜邦公司使用的,故称为杜邦分析体系,或杜邦分析法。"

李伯讲到这里停了下来,同时拿起他的教案在上面翻了几页,这时他又开口讲道:"首先,我们先看一下'杜邦分析体系'的基本结构吧!"

第七章 财务分析指标——分析财报的工具

表7-1：李伯教案

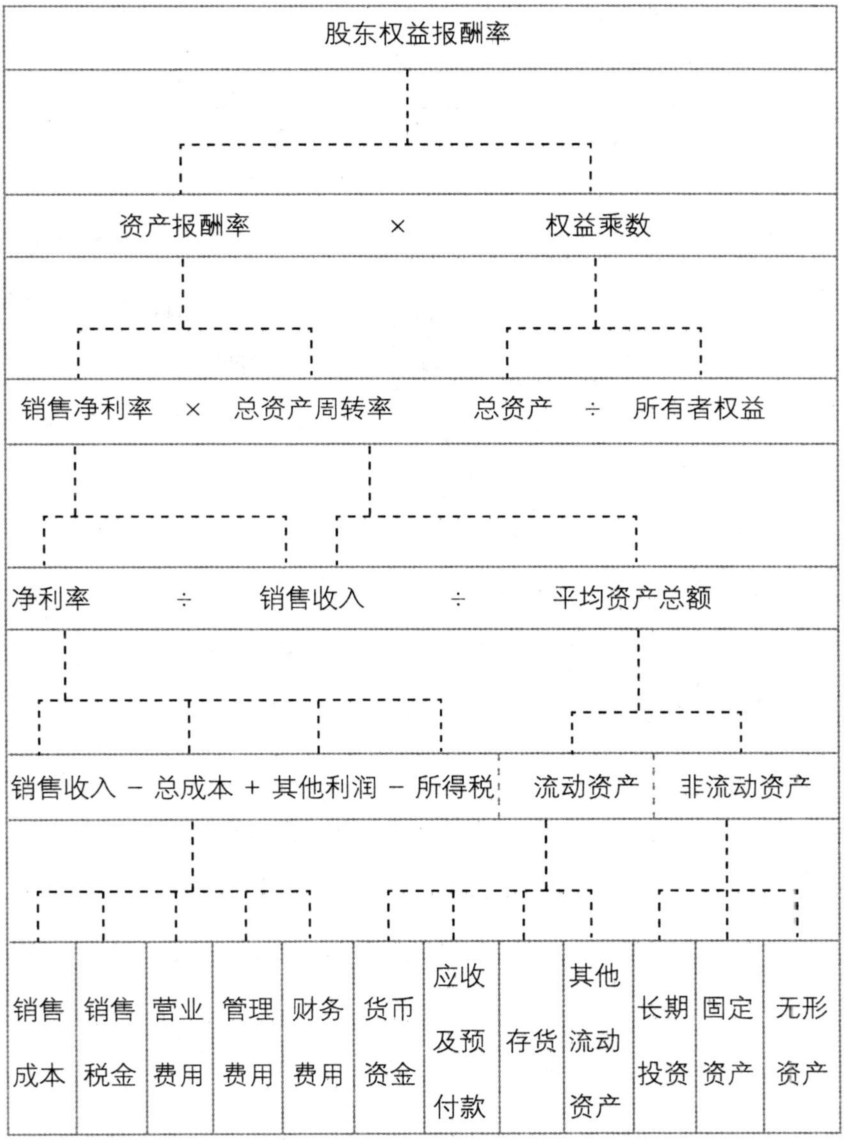

					股东权益报酬率					
			资产报酬率		×		权益乘数			
销售净利率	×	总资产周转率			总资产	÷	所有者权益			
净利率	÷	销售收入			÷		平均资产总额			
销售收入 − 总成本 + 其他利润 − 所得税					流动资产		非流动资产			
销售成本	销售税金	营业费用	管理费用	财务费用	货币资金	应收及预付款	存货	其他流动资产	长期投资	固定资产	无形资产

张生看着眼前的这张表格，心想自己还是第一次看到这么复杂的图表呀！

李伯看到张生有些迷茫的眼神，笑着对他说："其实杜邦分析体系也没有多么难学，前面已经学习过衡量企业各方面能力的财务指标，再学习杜邦分析体系就更简单了。"

201

听到李伯这么说，张生又充满了信心。开口讲道："李伯，下面我们就学习一下这个体系吧！"

李伯微笑着点点头说："好的，我首先介绍一下杜邦分析体系的定义。"

"杜邦分析体系是利用几种主要的财务比率之间的关系来综合分析企业的财务状况。具体来说，它是一种用来评价公司赢利能力和股东权益回报水平，从财务角度评价企业绩效的一种经典方法。"李伯清了清嗓子，开始对杜邦分析体系进行讲解，"其基本思想是将企业净资产收益率逐级分解为多项财务比率乘积，这样有助于深入分析比较企业经营业绩。"

"李伯，那杜邦分析体系最主要的优点是什么？"张生停下手中的笔问道。

"采用杜邦分析体系，可使企业的财务比率分析的层次更清晰、条理更突出，为报表分析者全面、仔细地了解企业的经营和盈利状况提供方便。"李伯思考了一下，然后回答道，"同时，杜邦分析体系有助于企业管理层更加清晰地看到权益基本收益率的决定因素以及销售净利润与总资产周转率、债务比率之间的相互关联关系，给管理层提供了一张明晰的考察公司资产管理效率和是否最大化的股东投资回报路线图。"

张生飞快地做着笔记，同时也认真思考着李伯所讲述的每一句话的含义。

"杜邦分析法的基本思路主要有以下几方面。"李伯继续讲道，"股东权益报酬率，也称权益报酬率，是一个综合性最强的财务分析指标，是杜邦分析系统的核心。"

"另外的方面呢？"张生问道。

"资产报酬率是影响股东权益报酬率的最重要的指标，具有很强的综合性，而资产报酬率又取决于销售净利率和总资产周转率的高低。总资产周转率反映总资产的周转速度。"李伯细品了一口清茶，然后回答说，"对资产周转率的分析，需要对影响资金周转的各因素进行分析，以判明影响公司资金周转的主要问题在哪里。销售净利率反映销售收入的收益水平。扩大销售收入，降低成本费用

是提高企业销售利润率的根本途径,而扩大销售同时也是提高资产周转率的必要条件和途径。"

"权益乘数表示企业的负债程度,反映了企业利用财务杠杆进行经营活动的程度。"李伯停顿了一下,又接着对杜邦分析体系解释道,"资产负债率越高,权益乘数就越大,这说明企业负债程度高,其会有较多的杠杆利益,但风险也较高;反之,资产负债率越低,权益乘数就越小,这说明企业负债程度低,企业会有较少的杠杆利益,但相应所承担的风险也较低。"

张生边做笔记,心里边想:"原来这杜邦分析体系的分析思路还是比较清晰的。"

"李伯,这杜邦分析体系包含的财务指标有那么多,各指标之间又有什么关系呢?"张生接着问道。

李伯望着张生笑了笑,然后回答道,"在杜邦分析体系中,包括以下4种主要的指标关系:第一,股东权益报酬率是整个分析系统的起点和核心。股东权益报酬率的高低反映了投资者的净资产获利能力的大小,而股东权益报酬率则是由销售净利率,总资产周转率和权益乘数决定的。"

张生点点头,表示他理解了李伯刚才对杜邦分析体系中关于指标关系的讲解。

"第二,权益乘数表明了企业的负债程度。该指标越大,企业的负债程度越高,它是资产权益率的倒数。第三,资产报酬率是销售净利率和总资产周转率的乘积,是企业销售成果和资产运营的综合反映,要提高资产报酬率,必须增加销售收入,降低资金占用额。"李伯接着讲解说。

"李伯,那第四种指标关系具体是什么含义?"张生听完李伯的讲解后又接着问道。

"第四,总资产周转率反映企业资产实现销售收入的综合能力。分析时,必须综合销售收入分析企业资产结构是否合理,即流动资产和长期资产的结构比率关系。同时还要分析流动资产周转率、存货周转率、应收账款周转率等有关资产使用效率指标，找出总资产周转率高低变化的确切原因。"李伯给自己倒了一杯新茶之后，对张生的问题回答道。

张生完成笔记之后，翻看了几下，突然想起了什么。随后，他开口问道："李伯，杜邦分析体系对分析企业的财务状况有这么重要的作用，那它有没有什么局限性？"

李伯笑着点点头，开口回答说："无论什么分析体系都有其内在的缺陷，杜邦分析体系也不例外。"

"从企业绩效评价的角度来看，杜邦分析法只包括财务方面的信息，不能全面反映企业的实力，有很大的局限性，在实际运用中需要加以注意，必须结合企业的其他信息加以分析。"李伯喝了一口清茶，然后回答道，"其局限性主要表现在以下3方面：第一，对短期财务结果过分重视，有可能助长公司管理层的短期行为，忽略企业长期的价值创造。第二，财务指标反映的是企业过去的经营业绩，衡量工业时代的企业能够满足要求。但在信息时代，顾客、供应商、雇员、技术创新等因素对企业经营业绩的影响越来越大，而杜邦分析法在这些方面是无能为力的。第三，在市场环境中，企业的无形知识资产对提高企业长期竞争力至关重要，杜邦分析法却不能解决无形资产的估值问题。"

张生微笑着点点头，看来李伯的回答验证了他对杜邦分析体系的猜测。

"运用杜邦分析法主要分3个步骤：第一，从净资产收益率开始，根据会计资料逐步分解计算各指标；第二，将计算出的指标填入杜邦分析图；第三，逐步进行前后期对比分析，也可以进一步进行企业间的横向对比分析。"李伯接着讲解道。

"李伯，那杜邦分析体系为什么能够如此广泛的运用？"张生好奇地问道。

李伯笑了笑，然后回答说："第一，杜邦分析体系符合公司的理财目标。关于公司的理财目标，欧美国家的主流观点是股东财富最大化，日本等亚洲国家的主流观点是公司各个利益群体的利益有效兼顾。从股东财富最大化这个理财目

第七章 财务分析指标——分析财报的工具

标我们不难看出,杜邦公司把股东权益收益率作为杜邦分析法核心指标的原因所在。在美国,股东财富最大化是公司的理财目标,而股东权益收益率又是反映股东财富增值水平最为敏感的内部财务指标,所以杜邦公司在设计和运用这种分析方法时就把股东权益收益率作为分析的核心指标。"

"第二,杜邦分析体系有利于委托代理关系。委托代理关系是指财产拥有人包括投资人和债权人等将自己合法拥有的财产委托给经营者,由经营者依法经营而形成的,包含双方权责利关系在内的一种法律关系。首先,由于存在委托代理关系,无论是在法律上还是在道义上经营者都应该优先考虑股东的利益,这一点与股东的立场是一致的。其次,由于存在委托代理关系,委托人(投资人和股东)和代理人(经营者)之间就必然会发生一定程度的委托代理冲突。为了尽量缓解这种委托代理冲突,委托人和代理人之间就会建立起一种有效的激励与约束的机制,将经营者的收入与股东利益挂钩,在股东利益最大化的同时也能实现经营者的利益最大化。在这种机制的影响下,经营者必然会主动地去关心股东权益收益率及其相关的财务指标。"李伯接着对张生的问题回答说。

"李伯,在实际应用中,我们该怎么去理解和运用杜邦分析体系呢?"张生又接着问道。

"首先,要深刻理解杜邦分析法与公司理财目标、公司代理关系以及公司金字塔风险之间的内在联系。其次,完善公司财务制度的各项基础工作,建立健全财务制度的各种规章制度,保证财务信息的真实性、完整性、可靠性和及时性,提高财务与会计信息的质量。"李伯回答说:"再次,加强杜邦分析法与公司长期战略目标以及近期目标责任之间的沟通和联系。"

由于这次讲解的内容比较多,所以张生在做笔记的时候花了一些时间。完成笔记之后,他开口问道:"李伯,杜邦分析体系还有其他需要注意的问题吗?"

李伯笑了笑说:"关于杜邦分析体系的主要内容已经讲解完了,到现在为止,关于上市公司财务报表分析的内容也差不多讲解完了。余下的那些细节,只

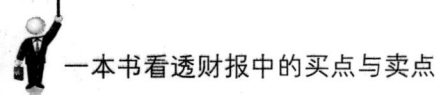

能靠你自学啦！"

张生听到这里，心里明白，这堂课该结束啦！

"以后有什么问题，还可以过来找我；没有问题，过来串门也好呀！"李伯说到这里，呵呵地笑了起来。

张生心想，这可能是缘分吧，让自己遇见这样的一位老者。他非常感激地说道："李伯，这段时间真是谢谢您了。我以后会常来看望您的！"

李伯笑着点点头，望着眼前的这位年轻人，也许让他想起了自己的青春时光。